MANN UND FRAU

© 1989 Hachette, Paris
© 1992 Tessloff Verlag, Nürnberg

Alle Rechte vorbehalten
Aus dem Französischen von Dr. Heike Renwrantz
ISBN 3-7886-0618-5

MANN UND FRAU
EINE SEXUALKUNDE
FÜR 10–13 JÄHRIGE

Dr. Jacqueline Kahn-Nathan
Gynäkologin
Vormals Direktorin der Frauenklinik der Medizinischen Fakultät der Universität Paris

Dr. Jean Cohen
Gynäkologe und Geburtshelfer
Vormals Direktor der Frauenklinik und Poliklinik der Universität Paris

Dr. Gilbert Tordjman
Psychosomatiker, Gynäkologe und Kinderarzt
Präsident der Weltvereinigung der Sexologen

Dr. Christiane Verdoux
Gynäkologin

Illustrationen von Martine Laurent
Anatomische Zeichnungen von
Ray Bret Koch

An diesem Morgen öffnen Jan und Sylvie die Tür zum Schlafzimmer ganz leise, um ihre Mutter nicht zu wecken. Doch Mama schläft nicht; sobald sie ihre Köpfe im Türrahmen sieht, lacht sie los. Sofort stürzen die beiden Kinder ins Zimmer und kuscheln sich an sie. Jan, der immer ein bißchen eifersüchtig ist, schubst Sylvie weg. Papa kommt herein, küßt Mama und fragt: „Wie fühlst du dich, mein Liebling?"

„Gut, sehr gut sogar", antwortet Mama. Ihr Mund fühlt sich trocken und pelzig an. Eine feuchte Haarsträhne klebt an ihrer Stirn. Ihre Augen sind merkwürdig groß und schön. Erschöpfung, aber auch große Zärtlichkeit sprechen aus ihrem Blick. Sylvie setzt sich auf den Bettrand und betrachtet den gewölbten Bauch ihrer Mutter. Ihr muß heiß gewesen sein, denn sie hat die Bettdecke bis zum Fußende hinuntergeschoben. Sylvie würde Mamas Bauch – er sieht aus wie eine Landkarte – gern streicheln, aber sie wagt es nicht.

„Hat Julian sich in deinem Bauch bewegt?" fragt sie. Seit sie weiß, daß sie einen kleinen Bruder bekommen wird, stellt sie diese Frage immer wieder. „Ja, mein Schatz", antwortet Mama. „Gerade jetzt bewegt er sich kräftig. Wahrscheinlich will er gern bei uns sein."

Sylvie beißt sich auf die Lippen und beobachtet Mamas Bauch ganz genau. Obwohl sie weiß, daß ihr kleiner Bruder da drin ist, in Mamas Bauch, kann sie es nicht wirklich glauben. Und noch weniger kann sie sich vorstellen, wie er wohl aussehen mag. Hat er schon Haare? Und so große Füße wie ich? Das ist nämlich seit einiger Zeit ihre große Sorge: Sie hat mit ihren elf Jahren schon Schuhgröße 38, das ist ja nun wirklich ziemlich groß. Jeder Streit mit ihrem Bruder endet damit, daß er sich über ihre großen Füße lustig macht. Außerdem kann er soviel angeben, wie er will, und so tun, als ob er alles wüßte, nur weil er zwei Jahre älter ist – er weiß auch nicht mehr als sie! Ihn beschäftigt die Ankunft des kleinen Bruders genauso.

„Was ist der Unterschied zwischen einer grün angemalten Katze und einem Elefanten?" fragt Jan plötzlich. Er erzählt gern Witze oder gibt Rätsel auf. „Hm, ich weiß nicht", sagt Mama lächelnd. In Wirklichkeit kennt sie die Lösung; Jan hat ihr die Frage schon einmal gestellt.

„Doch, sie weiß es, und ich und Papa auch!" ruft Sylvie. „Du hast uns das schon hundertmal gefragt." Jan schluckt vor Wut. Tränen stehen in seinen Augen. Mama und Papa müssen ihn besänftigen.

„Laßt, das strengt Mama zu sehr an", sagt Papa. Sofort sind die Kinder still und senken schuldbewußt die Blicke. Um nichts in der Welt wollen sie Mama überanstrengen... und Julian. Mama gähnt verstohlen. Papa, Jan und Sylvie wechseln schnell einen Blick und beschließen, Mama in Ruhe zu lassen. Sie geben ihr einen Kuß, gehen hinaus und schließen die Tür hinter sich.

Im Flur fragt Jan Papa, ob er sich mit ihnen das Buch über Sexualität ansehen will, das Mama und Papa ihnen zu Weihnachten geschenkt haben. Papa ist einverstanden, und sie gehen ins Arbeitszimmer, wo es so gut nach Papas Pfeifentabak riecht. Jan und Sylvie lieben diesen Raum. An der Wand neben dem Fenster hängt eine große Landkarte, auf der die Reisen von Marco Polo und Christoph Kolumbus eingezeichnet sind. Es gibt auch ein Segelschiff-Modell, und alle Regale sind voll von Büchern über die großen Entdecker. Papa muß einen Stapel Akten beiseite schieben, um etwas Platz zu schaffen. Alle drei setzen sich vor das Buch; es ist voller Zeichnungen und Fotos. Jan und Sylvie blicken ernst und aufmerksam.

„Von hinten", sagt Papa mit seiner kräftigen Stimme, „seht ihr beide ziemlich gleich aus, aber von vorn gesehen gibt es einen wichtigen Unterschied. Du, Jan, hast unterhalb des Bauches ein Glied, das man Penis nennt. Das Loch am vorderen Ende dient zum Wasserlassen."

„Und darunter habe ich noch etwas", sagt Jan ganz mutig, „so etwas wie einen kleinen Sack."

„Das ist der Hodensack. In ihm befinden sich zwei Drüsen, die Hoden."

Sylvie will endlich auch etwas sagen. „Und ich habe eine Spalte! Ich habe keinen Penis und keine Ho… – wie nennt sich das?"

„Hoden. Aber du hast auch Geschlechtsorgane; sie sind in deinem Unterleib, genauer: in deinem Becken. Das ist ein Hohlraum zwischen zwei großen Knochen, den Beckenknochen. Da drin befinden sich zwei Drüsen."

„Schon wieder Drüsen? Wie bei Jan?"

„Drüsen ja, aber bei dir heißen sie Eierstökke", sagt Papa lächelnd. „Hoden und Eierstökke haben ganz unterschiedliche Aufgaben, wie wir noch sehen werden. Und anstelle des Penis hast du eine Art Schlauch, Sylvie: die Scheide."

„Aha, ich habe also eine Scheide", stellt Sylvie mit wichtiger Miene fest.

„Die Öffnung der Scheide befindet sich in der Spalte, von der du gesprochen hast, und zwar zwischen zwei Fleischwülsten, den Schamlippen. Vor der Scheidenöffnung hast du ein Loch zum Wasserlassen und dahinter eins für den Stuhlgang, den After."

Jan denkt nach und fragt dann: „Haben wir all das schon von Geburt an? Konntet ihr gleich sehen, daß ich ein Junge bin und Sylvie ein Mädchen?"

„Das haben wir sofort festgestellt", antwortet Papa. „Die Geschlechtsorgane sind von Anfang an da."

„Und die Hoden und die Eierstöcke – sind die eigentlich nützlich?" fragt Jan weiter.

Junge und Mädchen

„Und ob die nützlich sind! In ihnen werden nämlich Hormone gebildet, das sind chemische Stoffe, die ins Blut abgegeben werden. Mit dem Blut gelangen sie zu den verschiedenen Organen und bringen Botschaften dorthin." Ernst fährt Papa dann fort: „Diese Hormone sorgen dafür, daß die Geschlechtsorgane – die männlichen oder die weiblichen – sich bereits entwickeln, wenn der kleine Mensch noch im Bauch seiner Mutter ist. Hoden und Eierstöcke haben also eine sehr wichtige Aufgabe."

„Ich versteh' überhaupt nichts", klagt Sylvie und zieht die Nase kraus.

Spermien und Eizellen

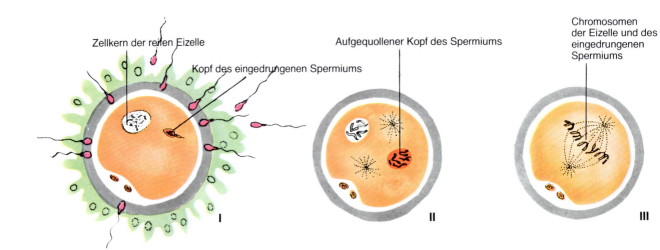

„Ihr werdet alles besser verstehen, wenn ich euch das Funktionieren der Organe erklärt habe. Hoden und Eierstöcke bilden nämlich nicht nur Hormone, sondern auch Keimzellen. Deshalb nennt man sie übrigens auch Keimdrüsen."

„Was sind die Keimzellen denn nun eigentlich?" fragt Sylvie. Papa blättert eine Seite um und sagt: „Eine Zelle ist der kleinste Baustein, aus dem Lebewesen bestehen – Menschen, Tiere und Pflanzen. Seht euch diese Abbildung an. Das ist eine Amöbe, und so sieht sie unter dem Mikroskop aus. Eine Amöbe besteht nur aus einer einzigen Zelle, Menschen dagegen aus unzähligen. In der Mitte seht ihr den Zellkern. Diese Zelle, die Amöbe, kann ganz allein leben, während die Zellen komplizierterer Lebewesen unterschiedliche Aufgaben übernommen haben und nicht für sich allein leben können. Bestimmte Zellen im menschlichen Körper beispielsweise geben eine Flüssigkeit in den Magen ab, um die Nahrung zu verdauen, andere haben ganz dünne lange Ausläufer: Das sind die Nervenzellen. Wieder andere schwimmen im Blut und bekämpfen Bakterien... Die Keimzellen dagegen haben die Aufgabe, für die Fortpflanzung zu sorgen."

„Fortpflanzung von was?"

„Der Lebewesen, mein Schatz! Ein Mann und eine Frau pflanzen sich fort, wenn sie ein Kind bekommen. Die Hoden enthalten die männlichen Keimzellen. Man nennt sie Samenzellen oder Spermien. Die weiblichen Keimzellen heißen Eizellen."

„Und wie werden aus Spermien und Eizellen Babys?"

„Wenn ein Spermium auf eine Eizelle trifft, dann verschmelzen sie miteinander. Die so entstandene neue Zelle nennt man ein befruchtetes Ei. Dieses beginnt sich zu teilen, so daß zwei Zellen entstehen. Diese zwei neuen

Die Amöbe ist ein Lebewesen, das aus einer einzigen Zelle mit einem Zellkern besteht.

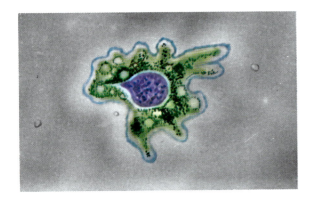

Mädchen oder Junge?

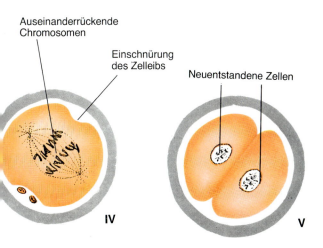

Auseinanderrückende Chromosomen
Einschnürung des Zelleibs
Neuentstandene Zellen

IV V

Befruchtung und Teilung einer reifen Eizelle
I. Einem Spermium ist es gelungen, die Schutzhülle der reifen Eizelle zu durchbohren und ins Innere der Zelle vorzudringen. Dabei hat es seinen Ruderschwanz verloren.
II. Der Kopf des eingedrungenen Spermiums, der den Zellkern enthält, ist aufgequollen. Auch er enthält 23 Chromosomen – genauso viele wie der Kern der reifen Eizelle.
III. Die 23 Chromosomen der befruchteten Eizelle vermischen sich mit den 23 Chromosomen des eingedrungenen Spermiums.
IV. Die Zellteilung beginnt. An jedem der insgesamt 46 Chromosomen bildet sich ein gleichartiges neues. Die so entstandenen 92 Chromosomen teilen sich in zwei gleich große Gruppen, die langsam auseinanderrücken. Zugleich wird der Zelleib von der Mitte her eingeschnürt.
V. Aus der befruchteten Eizelle sind zwei Zellen entstanden. Jede von ihnen hat einen Zellkern mit 46 Chromosomen. Wenn die Zellen sich immer weiter teilen, entsteht daraus ein Baby.

Zellen teilen sich ebenfalls, und immer so weiter, bis ein Baby entstanden ist."
„Aber wie entscheidet sich, ob es ein Junge oder ein Mädchen wird?"
„Schaut euch die Abbildungen von einer Zelle an. Seht ihr die kleinen Stäbchen im Zellkern? Das sind Chromosomen. In jeder unserer Körperzellen gibt es davon 46, im Spermium aber sind es nur 23."
„In der Eizelle auch?"
„Ja Sylvie, so ist es. Wenn Spermium und Eizelle sich also vereinigt haben, enthält das befruchtete Ei..."

Photo J. Cohen, D. Krulik, Moncel.

Bei der Teilung von Eierstockzellen (= zwei X-Chromosomen) entstehen immer nur Eizellen mit einem X-Chromosom. Bei der Teilung von Hodenzellen (= ein X- und ein Y-Chromosom) entstehen X- und Y-Spermien. Bei der Befruchtung gibt es also zwei Möglichkeiten. Entweder: Eizelle (X) + X-Spermium = XX = Mädchen; oder: Eizelle (X) + Y-Spermium = XY = Junge.

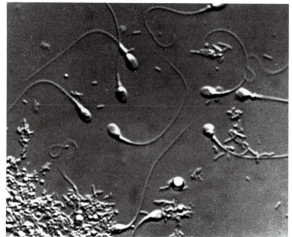

So sehen Spermien unter dem Mikroskop aus.

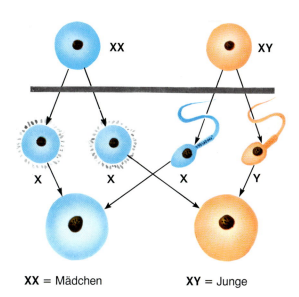

XX = Mädchen   XY = Junge

Jeder ist einmalig!

„46 Chromosomen", rufen Jan und Sylvie gleichzeitig. „Aber trotzdem – wie kommt es denn nun zu einem Mädchen oder einem Jungen? Ist das Zufall?"

„Manche Spermien tragen ein Chromosom in sich, das wie ein X aussieht, andere eins, das wie ein Y aussieht. X bedeutet: Mädchen, Y bedeutet: Junge."

„Das ist ja Mathematik!" ruft Sylvie aus.

„Ja, aber das Spermium ist der Lehrer, und ohne ihn gibt es kein X oder Y", sagt Jan triumphierend.

„Es ist aber Zufall, ob der Lehrer das X oder das Y in sich trägt", fügt Papa hinzu, um den Stolz seines kleinen Sohnes ein wenig zu dämpfen.

„Warum bin ich dir denn ähnlicher als Mama, obwohl ich ein Mädchen bin?"

„Das ist wieder so ein Trick von X", flüstert Jan.

„Nein", antwortet Papa lächelnd. „Ihr seid beide das Ergebnis der Vermischung der Chromosomen. Jeder von uns beiden hat euch 23 Chromosomen mitgegeben. Genau wie bei mir: Ich habe 23 Chromosomen von Großmama und 23 von Großpapa mitbekommen. Und Mama..."

„23 Chromosomen von Opa und 23 von Oma!" ergänzen die Kinder einstimmig.

„Ihr habt ja alles verstanden! Aber stellt euch vor: Die Chromosomen bestimmen nicht nur euer Geschlecht, sondern auch eure Augenfarbe, eure Größe und sogar euren Charakter!"

„Wie bitte? Habt ihr das mit Absicht gemacht?" fragt Sylvie voller Staunen.

„Das geht gar nicht. Die Fortpflanzung des Menschen verläuft zwar nach festen Gesetzen, aber es ist immer auch Zufall und Überraschung dabei. Deshalb ist kein Mensch die Kopie eines anderen."

Nachdenklich sieht Sylvie ihren Vater und ihren Bruder an. „Irgendwie wußte ich immer schon, daß ich einmalig bin."

Das ruft allgemeines Gelächter hervor. Aber Jan hat eine Frage, die ihm schon lange auf den Lippen brennt. Und er stellt sie ganz mutig: „Ich bin doch bestimmt zu jung, um Kinder zu haben, Papa. Heißt das, daß ich noch keine Spermien habe?"

„Nein, du hast noch keine Spermien, aber in einigen Monaten oder in einem Jahr fängt bei dir die Pubertät an. Das ist der Lebensabschnitt zwischen Kindheit und Erwachsenenalter."

„Tut das weh?"

„Nein, mein Schatz, das tut nicht weh. Man fühlt sich nur manchmal ein bißchen komisch. Du wächst schneller, und deine Stimme wird tiefer, fast so tief wie meine. Dein Penis und deine Hoden werden größer, und es wachsen Haare drumherum. Du bekommst ein wenig Haarflaum über der Oberlippe und den ersten Schatten eines Barts am Kinn."

„Einen Bart!" sagt Jan nachdenklich.

„Du wirst stolz darauf sein, aber auch ein wenig beunruhigt", fährt Papa fort. „Denn es finden wichtige Entwicklungen statt, damit sich in deinen Hoden Spermien bilden können."

„Und danach bin ich ein Mann."

„Das bist du jetzt schon in gewisser Weise. Denn etwas männliches Geschlechtshormon bildet sich bereits jetzt bei dir, aber dann wird es viel mehr sein! Und dadurch werden

Der lange Weg der Spermien...

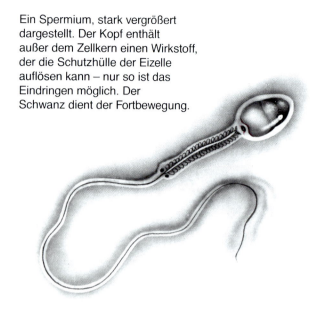

Ein Spermium, stark vergrößert dargestellt. Der Kopf enthält außer dem Zellkern einen Wirkstoff, der die Schutzhülle der Eizelle auflösen kann – nur so ist das Eindringen möglich. Der Schwanz dient der Fortbewegung.

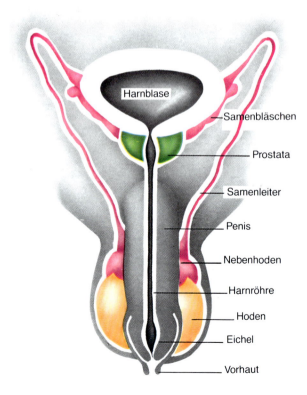

die einschneidenden körperlichen Veränderungen verursacht."

„Und ich? Was ist mit mir?" ruft Sylvie.

„Nur mit der Ruhe, mein Liebling, von dir sprechen wir auch noch. Erst will ich aber erklären, wie die Spermien sich bilden. Seht euch diese Zeichnung an: Das ist ein Spermium."

„Das witzige Tier, das aussieht wie eine Kaulquappe?"

„Ja", antwortet Papa lächelnd. „Zuerst mußt du wissen, wie deine Hoden aufgebaut sind: Da gibt es ganz kleine Kanäle, in denen sich ständig neue Zellen bilden. Das Spermium ist eine solche kleine Zelle, mit einem ‚Kopf' und einem langen dünnen ‚Schwanz', der durch schlängelnde Bewegung das Spermium fortbewegt."

„Sucht es den Ausgang?"

„Zuerst sammeln sich die Spermien in zwei kleinen Organen, den Nebenhoden, die die Hoden umschließen. Dort reifen sie aus. Sieh dir die Zeichnung unten auf der Seite an! Um zum Ausgang zu kommen, wie du gesagt hast, muß das Spermium noch einen sehr langen Weg zurücklegen."

„Erzähl weiter!"

„Zuerst gelangen die Spermien in die Samenleiter, die ins Innere des Unterleibs führen. Dann erreichen sie die Samenbläschen hinter der Harnblase, in denen eine Flüssigkeit abgesondert wird. Diese Flüssigkeit vermischt sich mit einer Flüssigkeit aus der Vorsteherdrüse, die die Spermien ‚ernährt'. Das ganze Gemisch, einschließlich der Spermien, nennt man Samenflüssigkeit oder Sperma."

Sylvie, die genauso gespannt zugehört hat wie ihr Bruder, fällt Papa ins Wort: „Also ruhen sich die Spermien hinter der Harnblase aus?"

„In gewisser Weise ruhen sie sich tatsächlich in den Samenbläschen aus, aber vor allem werden sie dort gespeichert, das ist das wich-

vom Hoden zur Eichel

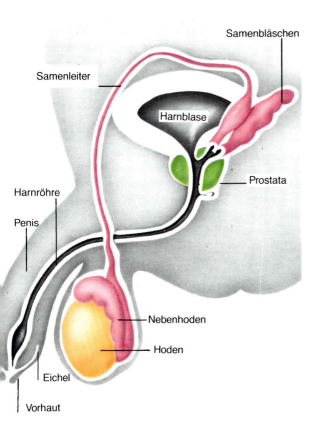

tige. Schließlich machen sie sich wieder auf den Weg und durchqueren die Vorsteherdrüse."

„Der Großvater von Alex mußte an der Vorsteherdrüse operiert werden, Alex hat das ‚Prostata' genannt."

„Die Vorsteherdrüse ist ein Organ, das erkranken kann wie andere Organe auch. Vor allem bei älteren Männern kommt es vor, daß sie sich so stark vergrößert, daß das Urinieren sehr schwierig wird. Dann muß man sie abschaben oder sogar entfernen wie einen entzündeten Blinddarm."

„Und dann? Wandern die Spermien dann weiter?"

„Ja. Sie erreichen schließlich die Harnröhre, die im gesamten Penis verläuft. Die Harnröhre hat ihre Öffnung an der Eichel. Das ist der Ausgang für die Spermien."

„Aber... da kommt doch der Urin heraus, wenn Jan einmal muß!" ruft Sylvie.

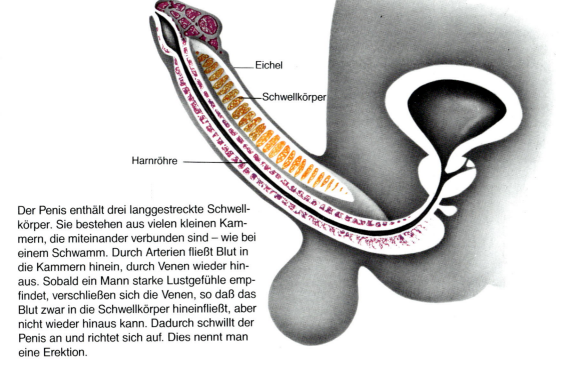

Der Penis enthält drei langgestreckte Schwellkörper. Sie bestehen aus vielen kleinen Kammern, die miteinander verbunden sind – wie bei einem Schwamm. Durch Arterien fließt Blut in die Kammern hinein, durch Venen wieder hinaus. Sobald ein Mann starke Lustgefühle empfindet, verschließen sich die Venen, so daß das Blut zwar in die Schwellkörper hineinfließt, aber nicht wieder hinaus kann. Dadurch schwillt der Penis an und richtet sich auf. Dies nennt man eine Erektion.

Ein merkwürdiges Alter?

„Wenn die Harnblase mit Urin gefüllt ist, kommt dieser da tatsächlich heraus. Das findet ihr vielleicht merkwürdig, aber die Spermien nehmen wirklich denselben Weg... unter einer Bedingung: Der Penis muß erigiert sein, wie man das nennt, das heißt steif und aufgerichtet, wie ihr das auf Seite 19 unten seht. Die Erektion kommt dadurch zustande, daß große Mengen Blut in den Penis fließen."

„Wenn ich rot werde, sagt Mama, daß mir das Blut in den Kopf steigt. Ist das so ähnlich?"

„Ja. Bei der Erektion schiebt sich die Eichel durch die Vorhaut, das ist eine Hautfalte, von der sie sonst bedeckt ist. Bei manchen kleinen Jungen ist diese Vorhaut zu eng. Das nennt man Phimose. Mit einer kleinen Operation bringt der Arzt das in Ordnung."

„Özgür, der türkische Junge in meiner Klasse, ist beschnitten. Hat das etwas damit zu tun?"

„Die Mohammedaner lassen ihren kleinen Söhnen die Vorhaut aus religiösen Gründen entfernen, auch wenn sie gar nicht verengt ist. Das nennt man Beschneidung."

„Was du alles weißt!" Papa lächelt. „Noch eine Frage, du kleiner Neugieriger?"

„Und wie kommen die Spermien denn nun aus dem Penis heraus?"

„Das gesamte Sperma wird in mehreren plötzlichen Stößen abgegeben. Das nennt man Ejakulation. So können die Spermien auf eine Eizelle im Körper der Frau treffen. Doch das erzähle ich euch später."

„Und jetzt die Mädchen", sagt Jan und gibt seiner Schwester einen Stoß mit dem Ellenbogen.

„Endlich bin ich dran", seufzt Sylvie mit theatralischem Augenaufschlag. Papa zieht seine kleine Tochter zu sich heran und erklärt mit zärtlicher Stimme: „Auch Mädchen kommen in die Pubertät, etwa im gleichen Alter wie Jungen."

„Bekomme ich dann einen Busen?" fragt Sylvie schnell. Das ist ihr größter Traum.

„Ja, ungefähr wenn du zwölf bist, das ist ganz sicher, mein Schatz!"

„Und weiter?"

„Die große Veränderung beginnt zunächst in deinem Unterleib. Deine Geschlechtsorgane, die Eierstöcke, beginnen Hormone herzustellen. Ein Hormon, das Östrogen, wirkt auf die Brustdrüsen. Deshalb wachsen die Brüste. Und deine kleinen Brustwarzen..."

„Die hat Jan auch!"

„Ja, aber seine bleiben so, während deine größer werden, mehr hervorstehen und empfindlicher werden."

„Und bekomme ich auch Haare wie Mama?"

„Ja, unter den Armen und an der Scham bekommst du krause Härchen, die immer dichter wachsen."

„Hoffentlich bin ich bald zwölf!"

„Freu dich nicht zu früh", wendet Jan ein, „Papa sagt, daß das eine seltsame Zeit ist."

„Das stimmt, Sylvie. Auch du wirst dich ein bißchen merkwürdig fühlen. Doch diese Veränderungen sind notwendig. Auch wenn man sich in diesem Alter manchmal selbst nicht leiden mag."

„Wieso das denn?"

„Weil ein Mädchen dann manchmal nicht mehr so hübsch ist wie früher und sie sich oft selbst nicht mehr gefällt. Oft wird die Haut fettiger, sie bekommt Pickel und kleine schwarze Punkte im Gesicht, sogenannte Mitesser. Das ist aber bei Jungen genauso."

„Du müßtest mal Corinnas Haut sehen! Oh, Mann!" stöhnt Sylvie.

„Das sieht zwar unschön aus, aber nach einiger Zeit verschwinden die Hautunreinheiten von selbst wieder. Außerdem gibt es Medikamente gegen Pickel und Mitesser, falls ein junger Mensch zu sehr darunter leidet. Aber in deinem Körper findet noch eine andere

Veränderung statt: Du bekommst deine Monatsblutung."

„Ach so, die Tage", sagt Sylvie verlegen und rutscht auf ihrem Stuhl hin und her.

„Du brauchst dich nicht zu genieren, Liebling. Die Monatsblutung oder Menstruation – manche sagen auch ‚die Tage' oder ‚die Regel' – ist eine Blutung, die jede Frau von der Pubertät an regelmäßig einmal im Monat hat."

„Ach, das sind die Tage!" Auch Jan hat schon davon gehört.

Papa fährt fort: „Das Blut kommt aus der Scheide, aber ganz, ganz langsam. Deshalb tragen die Frauen dann eine Binde oder einen Tampon, so bekommt die Unterwäsche keine Flecken. Die Blutung dauert etwa drei bis fünf Tage. Erst wenn eine Frau ungefähr fünfzig ist, hat sie keine Menstruation mehr."

Frau werden

„Das ist aber lange... Sag mal, wir haben ein Mädchen in der Klasse, die ist schon älter als die anderen, und sie turnt nie mit, wenn sie ihre Tage hat. Sie sagt, daß sie dann Bauchschmerzen hat."

„Das kann schon sein. Sie ist noch sehr jung, und ihr Körper hat sich an diese Dinge noch nicht gewöhnt. Doch wenn sie wirklich starke Schmerzen hat, muß ihre Mutter mit ihr zum Arzt gehen. Vielleicht hat sie aber auch Angst vor der Blutung – was man nicht zu haben braucht –, oder sie hat keine Lust zum Turnen!"

Sylvie nimmt sich vor, einmal mit ihrer Klassenkameradin zu sprechen. Dann kommt ihr ein Gedanke: „Sag mal, wenn ein Mädchen seine Monatsblutung hat, heißt das denn nicht, daß es ein Baby bekommen kann?"

„Ja, mein Schatz. So wird aus einem Mädchen eine Frau."

Der Eisprung

„Schaut her, rechts unten seht ihr einen Eierstock. Ihr erkennt darauf eine kleine Verdickung, ein Bläschen, das man Follikel nennt. Ein Follikel ist kleiner als ein Kirschkern. Er enthält eine wasserhelle Flüssigkeit. In jedem Monat bildet sich ein neuer Follikel. Er wächst heran, und schließlich platzt er. Die Flüssigkeit läuft heraus und nimmt dabei eine bestimmte Zelle mit, nämlich die reife Eizelle, von der wir schon gesprochen haben. Das Ausstoßen der Eizelle aus dem geplatzten Follikel nennt man Eisprung."

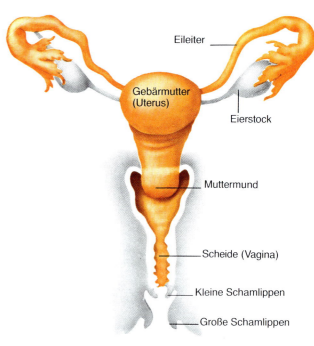

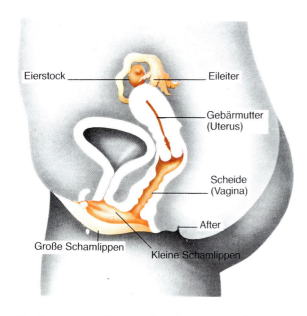

Die weiblichen Geschlechtsorgane
(oben: von vorn; links: von der Seite)

„Und was tut die Eizelle dann? Wandert sie wie die Spermien?" will Jan wissen.
„Die Eizelle wird von einer Art Trichter aufgefangen, der sich vor dem Eisprung über den Follikel gestülpt hat. Dann schwimmt sie einen etwa 10 cm langen Gang hinab, den Eileiter – er leitet wirklich die Eizelle weiter. Auf der Zeichnung seht ihr, daß es auf jeder Seite einen Eileiter gibt. Das ist auch notwendig, da die Eizelle immer abwechselnd im linken und im rechten Eierstock heranreift."
„Und wohin kommt das Ei dann?"
„Die beiden Eileiter führen in die Gebärmut-

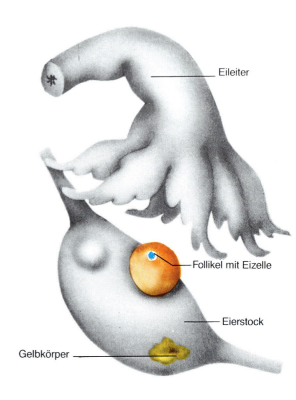

24

ter – vielleicht habt ihr auch den Namen Uterus schon mal gehört. Die Gebärmutter ist ein Organ, das aussieht wie eine Birne. In Wirklichkeit ist sie eine Muskeltasche, die innen mit einer Schleimhaut ausgekleidet ist."

„Was ist eine Schleimhaut?"

„Eine Schleimhaut ist eine sehr dünne und sehr weiche Haut. Ein gutes Beispiel für eine Schleimhaut haben wir in unserem Mund, denn auch die Mundhöhle ist ganz und gar mit einer Schleimhaut ausgekleidet. Ihr könnt sie mit der Zunge fühlen."

„Wofür ist die Schleimhaut wichtig?" fragt Jan.

„Der Follikel produziert ein bestimmtes Hormon, das Progesteron, sobald er die Eizelle freigesetzt hat. Dieses Progesteron gelangt ins Blut und mit dem Blut zur Gebärmutter. Es sorgt dafür, daß die Schleimhaut in der Gebärmutter wächst und noch weicher wird. Sie wird praktisch zu einem gemütlichen Nest für das ankommende Ei. Die Gebärmutter ist nämlich das Organ, in dem aus der Eizelle das Baby wird."

„Du sprichst ja schon vom Baby! Dabei wissen wir noch gar nicht, wie die Eizelle und das Spermium sich treffen!"

„Während die Eizelle sich ganz langsam durch den Eileiter bewegt, schwimmen die Spermien ihr schnell entgegen."

„Weil sie einen so langen Schwanz haben!" Jan ist begeistert von seinem neuen Wissen.

„Nun der Reihe nach", sagt Papa. „Die Spermien werden in der Scheide losgeschickt. Sie gelangen in die Gebärmutter durch die untere Öffnung, den Muttermund."

„Schaffen das alle Spermien?"

Einmal im Monat bildet sich auf einem der beiden Eierstöcke ein Bläschen: der Follikel. Wenn der Follikel reif ist, platzt er und entläßt die Eizelle. Diese wandert im Eileiter in Richtung Gebärmutter. Der Follikelrest verwandelt sich inzwischen in den Gelbkörper, eine kleine fettähnliche Masse. Der Gelbkörper sondert ein Hormon ab, das Progesteron, das die Gebärmutter auf die Ankunft eines befruchteten Eies vorbereitet. Kommt es nicht zur Befruchtung, bildet sich der Gelbkörper zurück. Dies führt dazu, daß die Gebärmutterschleimhaut sich löst und durch die Scheide hinausgespült wird, vermischt mit Blut. Die Monatsblutung setzt ein. Ein neuer Zyklus beginnt.

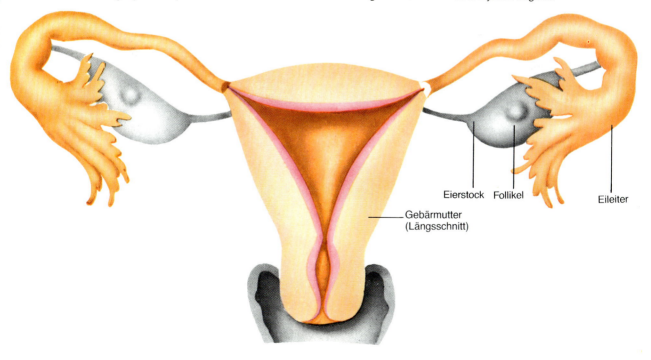

Eierstock Follikel Eileiter
Gebärmutter (Längsschnitt)

„Die meisten, aber viele gehen zugrunde. Nur einige erreichen die Eileiter, und da..."

„...trifft ein Spermium auf eine reife Eizelle, die dort ruhig vor sich hin schwimmt!" Jetzt ist den Kindern alles klar.

„Sie vereinigen sich, und das befruchtete Ei wandert in die Gebärmutter, wo es sich in der Schleimhaut einnistet."

„Und wenn nun kein Spermium die Eizelle findet?"

„Dann stirbt die Eizelle schnell ab. Dann wird in der Gebärmutter auch kein Nest mehr gebraucht. Die Schleimhaut löst sich von der Gebärmutterwand ab und wird, vermischt mit ein wenig Blut, durch die Scheide aus dem Körper der Frau hinausgespült."

„Das ist also die Menstruation! Dann hat also eine Frau, die ein Baby erwartet, keine Tage mehr?"

„Nein, die Schleimhaut wird ja dann gebraucht. Ihr habt das prima verstanden. Mama hat jetzt, weil sie schwanger ist, tatsächlich keine Menstruation."

„Das ist ja sagenhaft organisiert", murmelt Sylvie nachdenklich.

„Ja, und zwar durch eine kleine Drüse im Gehirn, die Hirnanhangsdrüse. Sie ist die Kommandozentrale für die Eierstöcke und die Hoden. Sie gibt ihre Befehle mit Hilfe von Hormonen, die mit dem Blut zu den Organen gelangen. Erinnert ihr euch? Darüber haben wir schon gesprochen."

Inzwischen hat Jan die Abbildungen der weiblichen Organe noch einmal eingehend betrachtet und stellt nun fest: „Die Eierstöcke produzieren also die Eizellen wie die Hoden die Spermien..."

„Nein, ganz so ist es nicht", unterbricht Papa. „Ein Mädchen wird bereits mit einem Vorrat von etwa 500 000 Eizellen geboren, aber jeden Monat reift nur eine einzige heran."

Mit diesen Worten schließt Papa das Buch und schlägt vor, daß sie alle ein wenig nach draußen gehen und radfahren.

Vom Ei zum Fötus

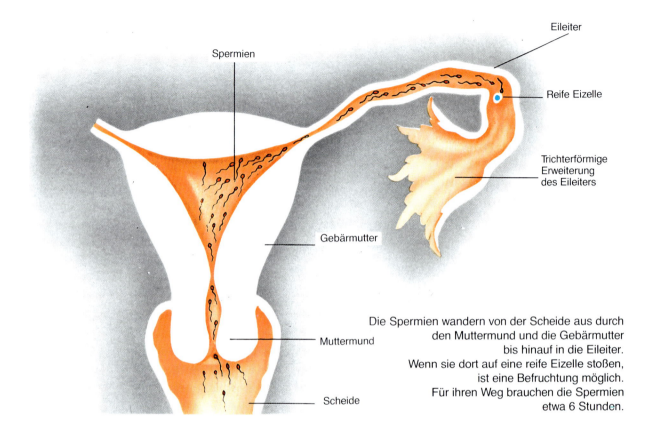

Die Spermien wandern von der Scheide aus durch den Muttermund und die Gebärmutter bis hinauf in die Eileiter. Wenn sie dort auf eine reife Eizelle stoßen, ist eine Befruchtung möglich. Für ihren Weg brauchen die Spermien etwa 6 Stunden.

Am nächsten Morgen ist Sylvie als erste aus dem Bett. Sie deckt den Frühstückstisch und setzt sich dann in die Küche. Mit ernstem Gesicht blättert sie in dem Buch über Sexualität, bis Mama und Papa erscheinen. Sylvie gibt ihnen einen Kuß und bittet sie an den Frühstückstisch.

„Heute bediene ich euch", sagt sie. Papa lächelt; er hat das Buch auf dem Tisch gesehen. Bald kommt auch Jan, noch ganz verschlafen. Kaum hat Sylvie den letzten Bissen von ihrem Brötchen heruntergeschluckt, beginnt sie, neue Fragen zu stellen.

„Etwas in diesem Buch habe ich noch immer nicht verstanden. Wie kann aus einem Spermium, das aussieht wie eine Kaulquappe, und der Eizelle, dieser kleinen Kugel, ein Baby entstehen?"

Papa und Mama lächeln sich an. Schließlich antwortet Mama: „Denke einmal zurück an das, was Papa euch gestern über die Chromosomen gesagt hat. Du erinnerst dich: Das X, das Y und die anderen 44; die Hälfte stammt vom Vater, die Hälfte von der Mutter. Diese Chromosomen bestimmen über alle Eigenschaften, die das Baby haben wird, und zwar von Anfang an."

„Aber wie kommt es, daß das befruchtete Ei überhaupt wächst?" möchte Jan wissen.

„Die Zellen teilen sich", erklärt Papa. „Aus der ersten Zelle werden zwei, und wenn diese beiden sich wieder teilen, sind es schon vier. Und so geht es immer weiter. Das geht sehr schnell, und schon bald ist aus dem befruchteten Ei eine Art winzige Himbeere geworden. Dann schließen sich einige Zellen zusammen, um den Kopf des Babys zu bilden, aus anderen werden Arme und Beine, und

Durch die Plazenta ernährt

aus wieder anderen entstehen die verschiedenen Organe."

„Mama, wie sieht ein Baby nach drei Monaten aus?"

„Es ist ungefähr 9 cm lang, es hat ein Herz, und das Geschlecht liegt schon fest."

„Und mit sechs Monaten?"

„Dann ist es schon ganz fertig entwickelt."

„Ich frage mich", wirft Sylvie ein, „wieso das Baby in der Gebärmutter nicht erstickt. Neun Monate ohne Luft! Oder ist wenigstens ein bißchen Luft in der Gebärmutter?"

„Nein. Das Baby atmet und ernährt sich auf eine ganz besondere Art. Schon zu Beginn der Schwangerschaft bildet sich dafür ein Organ in der Gebärmutter, der Mutterkuchen. Man nennt ihn auch Plazenta. Seht euch einmal die Abbildung rechts an. Die Plazenta sitzt an der Gebärmutterwand und endet in einer Art Schnur, der Nabelschnur. Diese verbindet die Gebärmutter mit dem Baby."

„Wo ist die Nabelschnur denn am Baby befestigt?" fragt Jan.

„Das weißt du nicht?" ruft Sylvie erstaunt. „Mitten auf dem Bauch! Wenn sie nach der Geburt durchgeschnitten wird, bleibt der Bauchnabel zurück", erklärt sie stolz.

„Sylvie hat recht", sagt Mama. „Aber zurück zu der Frage, woher ein Baby den Sauerstoff bekommt, ohne zu atmen. Bei jedem Pulsschlag schickt das Herz der Mutter einen Blutstrom durch ihren Körper. Dieses Blut fließt auch durch die Lungen und nimmt dort Sauerstoff aus der Atemluft auf. Das sauerstoffreiche Blut erreicht alle Organe und natürlich auch die Gebärmutter und die Plazenta. Die Plazenta nimmt den Sauerstoff auf und gibt ihn durch die Nabelschnur an das Baby weiter. Aber das Blut der Mutter schafft nicht nur Sauerstoff herbei, sondern auch Nährstoffe und überhaupt alles, was das Baby braucht."

„Dann ist die Plazenta ja so etwas wie Küche und Speisekammer für das Baby."

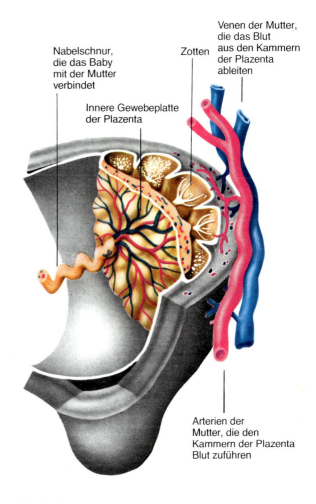

Die Abbildung zeigt, wie der Blutkreislauf der Mutter mit dem des Babys verbunden ist. Der Teil der Plazenta, der sich in die Gebärmutterwand eingegraben hat, besteht aus Kammern, in die das Blut der Mutter durch Arterien hinein- und durch Venen wieder hinausströmt. Auf der Innenseite, der Seite des Kindes, besteht die Plazenta aus einer Gewebeplatte, in der sich Tausende von Blutgefäßen verzweigen. In diese Venen und Arterien münden die Blutgefäße der Nabelschnur des Kindes. Von der Gewebeplatte laufen dünne Blutgefäße in die Zotten hinein, die wie Bäumchen in die Kammern der Plazenta – und damit in das Blut der Mutter – eintauchen. Durch die dünne Wand der Zotten können Stoffe zwischen dem Blut der Mutter und dem des Babys ausgetauscht werden.

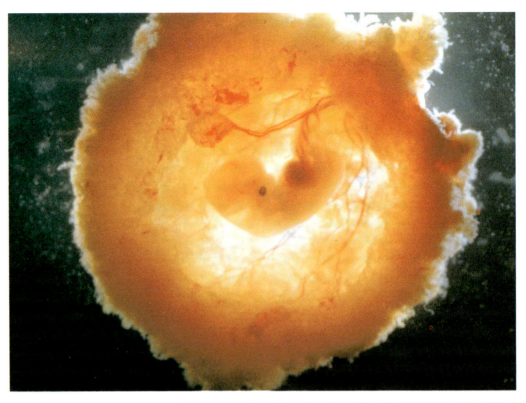
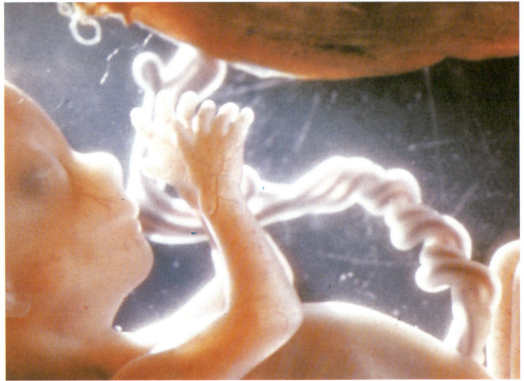

Ein weiches Nest

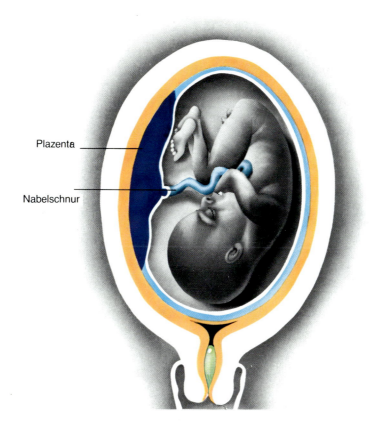

„Und ein Filter dazu, denn sie läßt nur das durch, was das Baby braucht", ergänzt Mama.
„Ein Baby hat es gut!" ruft Sylvie aus. „Es braucht nicht zu atmen und nicht zu essen und wächst trotzdem."
„Das ist auch nötig", erklärt Mama. „Denn ein Baby ist ein sehr empfindliches Wesen. Es könnte außerhalb der Gebärmutter gar nicht leben. Es würde zum Beispiel die Temperaturschwankungen hier draußen, den Unterschied zwischen Wärme und Kälte, nicht aushalten."
„Und wenn die Mutter sich stößt oder hinfällt – fühlt das das Baby?" fragt Sylvie beunruhigt.
„Sieh dir einmal diesen Fötus auf der Abbildung an."
„Diesen ... was?"
„Ein Fötus ist ein Baby im Mutterleib, das schon etwas größer ist. In den ersten Wochen dagegen nennt man das Baby Embryo. Also, zurück zu deiner Frage. Der Fötus, der da mit dem Kopf nach unten an der Nabelschnur hängt, schwimmt in Flüssigkeit! Man nennt sie Fruchtwasser. Das Fruchtwasser wirkt wie ein Stoßdämpfer, so daß das Baby die Bewegungen seiner Mutter und auch stärkere Erschütterungen nicht spürt."
„Papa", fragt Jan, „vermehren sich die Zellen des Fötus denn immer weiter?"
„Das verlangsamt sich, wenn das Baby so weit entwickelt ist, daß es geboren werden kann. Aber auch später teilen sich die Zellen unseres Körpers ununterbrochen. Die gealterten Zellen werden durch neue ersetzt."
„Aber wie werden aus den vielen Zellen denn nun die verschiedenen Organe?"
„Diese Frage können auch die Wissenschaftler noch nicht beantworten. Man forscht noch daran und macht Versuche, vor allem mit Mäusen."

Und Zwillinge?

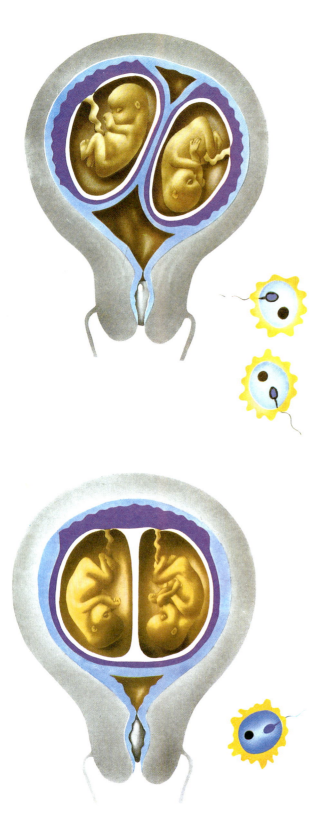

„Und die Zellen irren sich nie? Warum verwechseln sie zum Beispiel niemals Arme und Beine?"

„Es kommt tatsächlich vor, daß ein Baby mit einem oder mehreren Geburtsfehlern auf die Welt kommt, aber das ist sehr selten."

„Und wie entstehen Zwillinge?" möchte Jan wissen. „Wir haben Zwillinge in der Klasse, Thomas und Sophie, aber die ähneln sich nicht sehr. Aber du kennst doch Björn und Boris aus meinem Fußballverein, die sind auch am selben Tag geboren, und die ähneln sich wie ein Ei dem anderen. Wir verwechseln sie sogar oft. Wieso gibt es da solche Unterschiede?"

„Das liegt daran, daß es eineiige und zweieiige Zwillinge gibt", antwortet Mama. „Björn und Boris sind eineiige Zwillinge. Sie entstehen, wenn sich das Ei sofort nach der Befruchtung teilt; aus jedem Teil entwickelt sich dann ein Baby. Weil die beiden aus demselben Ei und daher auch aus denselben Chromosomen entstanden sind, ähneln sie einander vollständig. Sie haben das gleiche Geschlecht und oft auch den gleichen Charakter.

Bei Thomas und Sophie war es anders. Bei ihrer Mutter waren zwei Eizellen gleichzeitig reif geworden, die sich beide auf den Weg durch den Eileiter gemacht haben... und jedes ist auf ein Spermium getroffen. Aus beiden befruchteten Eizellen hat sich dann ein Baby entwickelt, die nicht mehr miteinander gemeinsam haben als Geschwister, die im Abstand von mehreren Jahren geboren werden. Solche Zwillinge heißen zweieiig."

Sylvie ist beunruhigt. „Und wie kommen die Zwillinge in einer einzigen Gebärmutter zurecht? Wie werden sie ernährt?"

„Bei zweieiigen Zwillingen gibt es zwei Plazenten, jeder Fötus ist mit seiner Nabelschnur an seiner eigenen Plazenta befestigt. Eineiige Zwillinge sind beide mit ein und derselben Plazenta verbunden."

Nordpol-Südpol

Doch jetzt müssen sie eine Pause machen. Papa muß zu einer Verabredung ins Labor, und Jan und Sylvie haben beschlossen, ein Vogelhäuschen für die Singvögel im Garten zu bauen. So bietet sich für Mama die Gelegenheit, ein wenig auszuruhen und zu lesen. Nachmittags wollen Jan und Sylvie aber endlich mehr über diese ganze erstaunliche Sache hören.

„Ich möchte noch etwas wissen", sagt Jan. „Wie findet das befruchtete Ei seinen Platz in der Gebärmutter? Ganz zufällig?"

Papa antwortet: „Es sucht sich keine bestimmte Stelle. Aber das Ei, das du rechts auf der Abbildung siehst, hat – wie die Erde – einen Nord- und einen Südpol. Aus jedem Pol entstehen ganz bestimmte Zellen. Seht euch einmal das Ei an, das sich in der Schleimhaut der Gebärmutter eingenistet hat. Es ist schon ein wenig gewachsen. Außerdem könnt ihr so etwas wie Wurzeln erkennen – Wurzeln, die sich in die Gebärmutterwand eingegraben haben. Das sind die Zellen des Südpols, die tief in die Muskeln und Blutgefäße der Gebärmutter eindringen und von dorther alles holen, was die Zellen des Nordpols auf der gegenüberliegenden Seite brauchen, damit sie sich teilen und so das Baby bilden

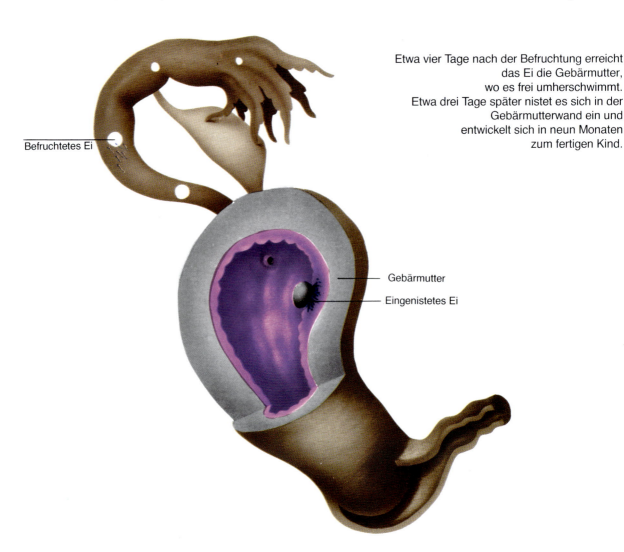

Etwa vier Tage nach der Befruchtung erreicht das Ei die Gebärmutter, wo es frei umherschwimmt. Etwa drei Tage später nistet es sich in der Gebärmutterwand ein und entwickelt sich in neun Monaten zum fertigen Kind.

Vorsicht vor Viren!

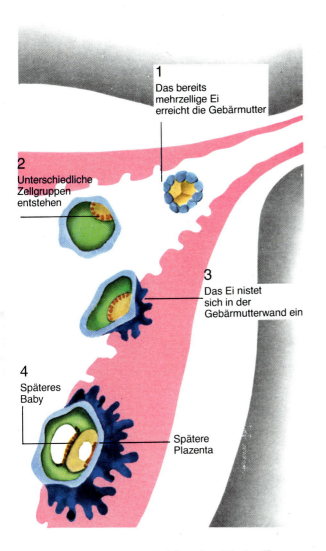

1 Das bereits mehrzellige Ei erreicht die Gebärmutter

2 Unterschiedliche Zellgruppen entstehen

3 Das Ei nistet sich in der Gebärmutterwand ein

4 Späteres Baby

Spätere Plazenta

Das befruchtete Ei in der Gebärmutter: Wenige Tage schwimmt es frei umher, während sich die Zellen immer weiter teilen. Dann nistet es sich, Südpol (dunkelblau dargestellt) voran, in der Gebärmutterwand ein. Aus den Zellen des Südpols wird die Plazenta, aus denen des Nordpols das Baby.

Entwicklung des Embryos

     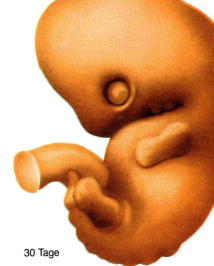

5 Tage   10 Tage   15 Tage   20 Tage   30 Tage

können. Aus den Zellen des Südpols wird schließlich die Plazenta."

„...die dem Baby Sauerstoff und Nahrung bringt", ergänzt Jan.

„Aber sag mal, Papa, kann das Baby auch schon verdauen? Es kann ja gar nichts ausscheiden!"

„Doch, es scheidet seine Abfallstoffe mit Hilfe der Plazenta aus. Das Blut der Mutter nimmt sie dann auf und bringt sie zusammen mit ihren eigenen Abfallstoffen zu den Ausscheidungsorganen."

„Also, die Plazenta – ich finde, das ist wirklich ein toller Apparat!" ruft Jan aus und schaut Mama mit Bewunderung an. Darüber muß Mama lachen.

Plötzlich kommt Sylvie ein Gedanke, und sie sagt besorgt: „Du darfst auf gar keinen Fall krank werden, Mama. Meine Mathelehrerin ist auch schwanger, und in unserer Parallelklasse sind Röteln ausgebrochen. Sie macht sich nun große Sorgen, daß sie sich anstekken könnte."

„Das kann ich gut verstehen", sagt Mama. „Wenn man zu Beginn der Schwangerschaft

Kurz vor der Geburt

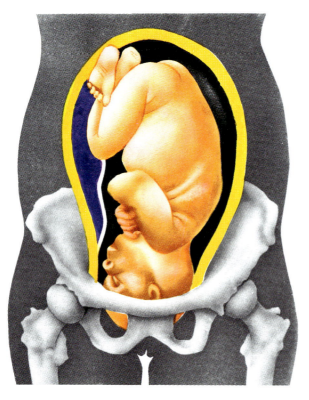

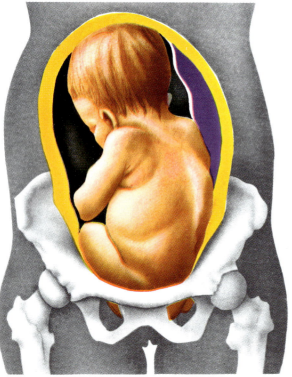

Röteln bekommt, so kann das dem ungeborenen Kind tatsächlich sehr schaden. Röteln werden nämlich durch einen Krankheitserreger hervorgerufen, ein Virus, das besonders die Zellen angreift, aus denen sich später die Augen und die Ohren bilden. Es besteht dann die Gefahr, daß das Kind blind oder taub geboren wird. Doch wenn deine Lehrerin schon vor der Schwangerschaft einmal Röteln gehabt hat, dann ist sie ihr Leben lang davor geschützt. Man nennt das ‚immun'. Man kann diesen Schutz auch künstlich erzeugen, indem man sich impfen läßt."

„So wie gegen Masern und Mumps?" Darüber wissen Sylvie und Jan Bescheid.

„Genau so", antwortet Mama. „Wenn eine schwangere Frau nicht gegen Röteln geimpft ist und sich auch nicht erinnern kann, ob sie schon Röteln gehabt hat, kann sie zu Beginn der Schwangerschaft testen lassen, ob sie immun ist gegen Röteln oder nicht. Ich habe einen Röteln-Test machen lassen, deshalb weiß ich, daß für Julian keine Gefahr besteht. Aber schade, daß ihr ihn nicht gleich nach der Geburt sehen dürft..."

„Wieso das denn nicht?" rufen Jan und Sylvie.

„Um eine Ansteckung zu vermeiden, dürfen Kinder die Entbindungsstation nicht betreten", erklärt Mama. „Kinder haben ja häufig ansteckende Krankheiten, die man ‚Kinderkrankheiten' nennt. Ihr wollt doch sicher nicht, daß Julian gleich nach seiner Geburt krank wird?"

Die Kinder schütteln heftig den Kopf. Nur nicht das winzige Baby anstecken!

Sylvie schmiegt sich an Mama. Ganz behutsam legt sie ihre Hand auf Mamas gewölbten Leib. „Ich glaube, er hat sich wieder bewegt!" flüstert sie. „Ja, er ist schon ziemlich munter.

Wie kommt es heraus?

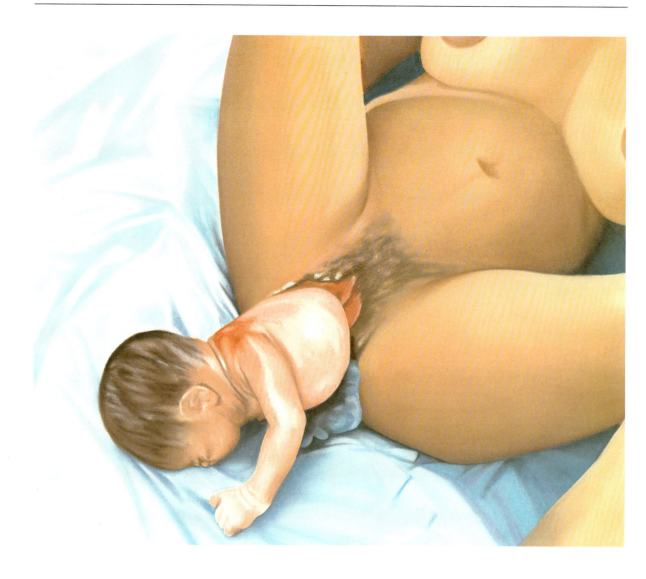

Am Anfang habe ich gar nichts von ihm bemerkt, aber vom vierten Monat an fing er an, sich zu bewegen. Es wurde ihm wohl ein wenig eng. Da hat er sich immer wieder eine bequemere Lage gesucht. Jetzt, wo er schon so groß ist, wird er seine Lage allerdings kaum noch verändern."

„Schwimmt er mit dem Kopf nach unten? Oder sitzt er vielleicht auf seinem kleinen Po?"

„Ich hoffe, er schwimmt mit dem Kopf nach unten, denn das ist für die Geburt die beste Lage. Aber ich gehe ja regelmäßig zum Arzt zur Untersuchung. Er wird rechtzeitig vor der Entbindung feststellen, wie Julian liegt. Normalerweise ist die Geburt eines Babys ein ganz einfacher und natürlicher Vorgang, aber wenn es auf seinem Po sitzt, kann die Entbindung etwas schwieriger werden. Doch der Arzt und die Schwangere wissen das ja normalerweise vorher und können sich darauf einstellen."

„Aber auch wenn Julian eine normale Lage hat – hast du nicht doch ein bißchen Angst?" fragt Sylvie.

„Warum sollte ich Angst haben?" antwortet

Schmerzlose Geburt

Mama. „Ich habe ja schon zwei Kinder geboren, und alles ist gutgegangen. Und außerdem wird Papa bei mir sein."

„Wir auch", sagt Jan. „Wir werden ganz doll an dich denken, und das ist fast so gut, als ob wir bei dir wären."

„Und wann entschließt sich Julian herauszukommen?" Diese Frage findet Jan besonders wichtig.

„Ziemlich genau 266 Tage oder 38 Wochen nach der Befruchtung der Eizelle. Zunächst platzt die Fruchtblase, in der das Baby schwimmt. Das Fruchtwasser fließt durch die Scheide ab. Dann erweitert sich der Gebärmutterhals mehr und mehr, und der Kopf des Babys schiebt sich hindurch. Schließlich verläßt das ganze Baby die Gebärmutter und drängt in die Scheide hinab."

„Es kriecht hindurch?"

„Nein, Schatz, es wird von der Mutter herausgepreßt. Die Gebärmutter ist außerordentlich dehnbar. Sie hat sich in den neun Monaten so weit dehnen können, daß sie ein Kind von sieben Pfund und mehr aufnehmen konnte. Und sie ist sehr muskulös! Daher kann sie sich kräftig zusammenziehen und so

Kopf voran

das Kind hinausschieben. Bei einem Kurs für schwangere Frauen habe ich gelernt, wie man am besten beim Herauspressen mithelfen kann. Ich habe auch geübt, wie man richtig atmet, damit das Zusammenziehen der Gebärmutter keine Schmerzen macht. Durch diese und andere Übungen habe ich mich auf eine schmerzlose Geburt vorbereitet." Sylvie bewundert die ruhige Gelassenheit ihrer Mutter. „Aber wenn man von einer schmerzlosen Geburt spricht, dann gibt es also auch eine schmerzhafte Geburt?"

„Du hast recht, mein Schatz", sagt Mama. „Lange Zeit hat es keine Geburt ohne Schmerzen gegeben. Die meisten Frauen wußten über den Geburtsverlauf so gut wie nichts. Sie hörten nur, was ihre Mütter ihnen erzählten, und die wiederholten auch nur das, was sie von ihren Müttern gehört hatten – und sie wußten, was in der Bibel steht: Mit Schmerzen wirst du gebären. Heute wissen wir, daß das nicht so sein muß. Unwissenheit und Angst führen nämlich dazu, daß eine Frau sich verkrampft und nicht entspannen kann. Dadurch entstehen die Schmerzen."

„Und woher weiß man jetzt, was man tun muß, damit es nicht so weh tut?"

„Die Ärzte haben sich inzwischen mit dieser Frage beschäftigt. Heute erklären sie und die Hebammen den Frauen, was wir euch eben erzählt haben. Sie zeigen ihnen, wie man richtig atmet, wie man seine Muskeln entspannt und wie man während der Entbindung ‚mitarbeitet'."

„Dauert eine Entbindung lange?"

„Mehrere Stunden", sagt Mama. „Sobald die Frau das erste Zusammenziehen der Gebärmutter fühlt, geht sie in die Klinik. Dort wird sie sofort von der Hebamme untersucht. Die stellt fest, ob der Muttermund sich schon geöffnet hat und ob der Kopf des Babys schon in die Scheide eingetreten ist. Sie vergewissert sich, ob die Mutter auch weiß, wie sie sich während der Geburt verhalten soll. Inzwischen zieht sich die Gebärmutter immer stärker und in immer kürzeren Abständen zusammen – das sind die ‚Wehen', bei denen sich die Frauen früher so verkrampft haben. Während der Kopf des Babys nach unten drängt, dreht es sich wie eine Schraube. Ist der Kopf dann schließlich aus dem Ausgang der Scheide heraus, faßt der Arzt oder die Hebamme zu, um dem Baby vollends herauszuhelfen."

„Und wenn nun nicht der Kopf, sondern der Po zuerst erscheint?" fragt Sylvie aufgeregt.

„Dann dauert die Geburt etwas länger, und sie wird ein bißchen schwieriger. Da die Pobacken des Babys weicher sind als der Kopf, können sie den Muttermund auch nicht so stark erweitern."

„Aber schließlich kommt das Baby doch heraus?"

„Aber ja, auch das ist eine normale Entbindung. Wenn allerdings der Kopf zuerst erscheint, gleitet der übrige Körper schneller heraus. Die Hebamme zieht behutsam an einem Ärmchen und dann am anderen. So seid ihr beide zur Welt gekommen. Danach durchtrennt sie die Nabelschnur, durch die das Baby noch mit der Mutter verbunden ist."

„Tut das weh?" „Nein, überhaupt nicht – das Baby behält nur eine Narbe: den Nabel. Aber das wißt ihr ja schon", fügt Papa hinzu.

Da ist es!

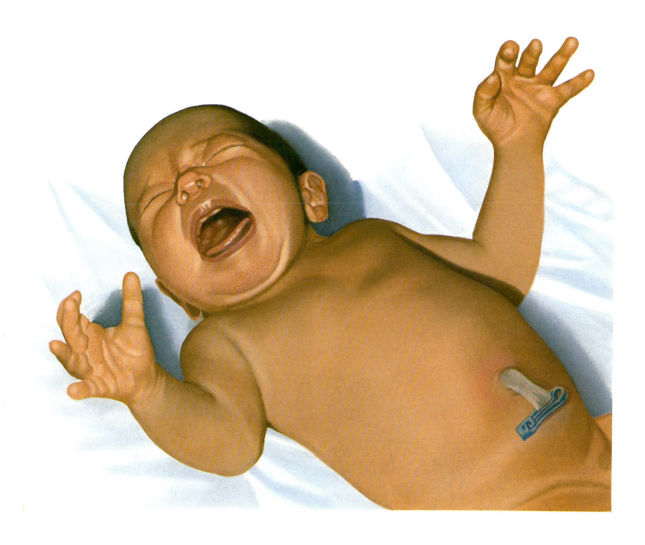

„Trotzdem schreit das Baby gleich nach der Geburt", wirft Jan ein.

„Es schreit, weil es plötzlich gezwungen ist, normal zu atmen, so wie wir. In der Gebärmutter brauchte es das ja nicht, darüber haben wir ja auch schon gesprochen. Aber nach der Durchtrennung der Nabelschnur erhält es keinen Sauerstoff mehr mit dem Blut der Mutter. Deshalb tut es, um nicht zu ersticken, genau das, was du tust, wenn du aus dem Wasser auftauchst: Es öffnet den Mund. Durch das Schreien drückt es das Kohlendioxid aus den Lungen, und mit dem ersten Atemzug zieht es Sauerstoff herein."

„Und was wird aus der Plazenta?" fragt Jan.

„Die leere Gebärmutter zieht sich noch einmal kräftig zusammen. Einige Minuten nach der Geburt des Kindes zieht die Hebamme leicht an der Nabelschnur, und die Plazenta gleitet heraus. Diesen letzten Abschnitt der Entbindung nennt man die Nachgeburt. Damit ist die Geburt beendet."

Waschen und windeln

„Sehr niedlich sieht das Baby aber nicht aus", sagt Jan enttäuscht.

„Zuerst muß es natürlich gesäubert werden", entgegnet Mama. „Schleim und Blut werden mit einem dünnen Schlauch aus seinen Atemwegen abgesaugt, damit es frei atmen kann. Dann wird es sorgfältig gewaschen und angezogen, damit es nicht friert – und ihr könnt mir glauben, daß es dann schon wie ein ganz niedliches Baby aussieht."

Jan lächelt entschuldigend, bevor er eine neue Frage stellt, die ihn sichtlich beschäftigt: „Ein Schulkamerad hat mir erzählt, daß bei seiner Mutter ein Kaiserschnitt gemacht worden ist. Was ist das?"

„Ein Kaiserschnitt ist eine Operation, die gemacht wird, wenn das Kind nicht durch die Scheide geboren werden kann, zum Beispiel weil das Becken der Mutter zu eng ist oder weil das Baby zu groß ist. Der Arzt öffnet dann

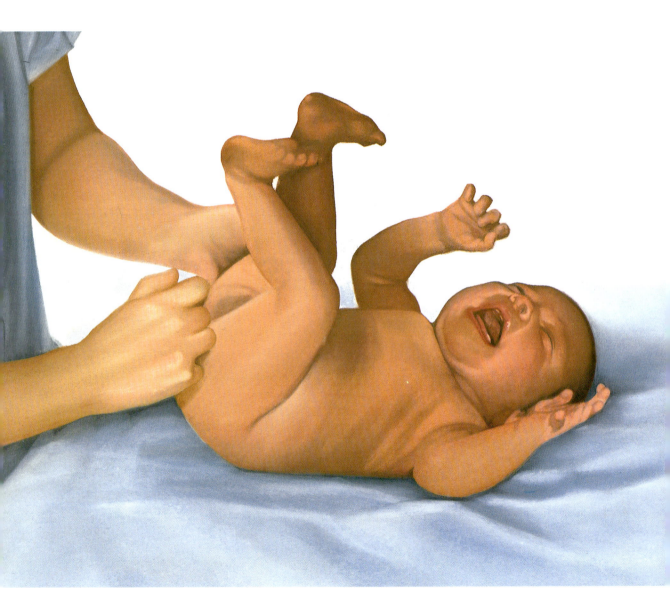

mit einem Schnitt den Unterleib der Mutter und dann die Gebärmutter und holt das Baby auf diesem Wege heraus."
„Tut das der Mutter nicht weh?"
„Sie merkt nichts davon. Sie bekommt eine Spritze und schläft. Wenn sie wieder aufwacht, liegt das Baby schon neben ihr."
Sylvie kommt plötzlich ein Gedanke: „Und Zwillinge? Wie kommen die heraus?"
„Einer wird nach dem anderen geboren, ganz normal. Sie kommen nie gleichzeitig auf die Welt."
„Sind Zwillinge bei der Geburt eigentlich kleiner als andere Babys?" fragt Jan.
„Ja, aber sie sind nicht unreif wie Frühgeburten, die in der Klinik erst in den Brutkasten gelegt werden müssen."
„In den Brutkasten?" Jan prustet vor Lachen.
„Ja, so nennt man einen Apparat, der wie ein Bettchen mit darübergestülptem Glaskasten aussieht. Er ist eine Art Ersatz für die Gebärmutter, und das zu früh geborene Baby kann sich darin weiterentwickeln. Es erhält Sauerstoff, Infusionen mit Nährstoffen, und es ist immer gleichmäßig warm. Wenn das Baby dann kräftig genug ist, gibt man es der Mutter zurück."
„Als wenn es zum zweiten Mal geboren würde..." murmelt Sylvie.

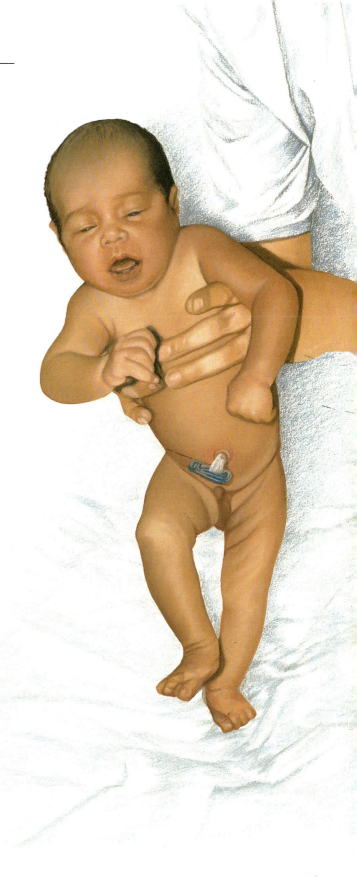

Im Brutkasten

„Sind Sylvie und ich auch in einem Brutkasten gewesen?"

„Das war nicht nötig, ihr wart beide prächtige Babys", antwortet Mama.

„Hast du uns gestillt?"

„Ihr wart unersättlich! Aber ich habe für euch beide genug Milch gehabt."

Jan und Sylvie sehen ihre Mutter ernst an. An diese Sache haben sie vorher noch nie gedacht.

„Stillen alle Mütter ihre Babys?" fragen sie ein wenig befangen.

„Nein. Nicht alle Frauen können stillen. Manche haben nicht genug Milch, so daß sie ihr Baby nicht ausreichend ernähren können, andere wiederum sind berufstätig und können zu den Stillzeiten gar nicht bei ihrem Kind sein. Manche Frauen möchten auch einfach nicht stillen. In all diesen Fällen wird das Kind dann mit Flaschenmilch ernährt, die man aus Milchpulver selbst zubereitet und die sehr leicht verdaulich ist."

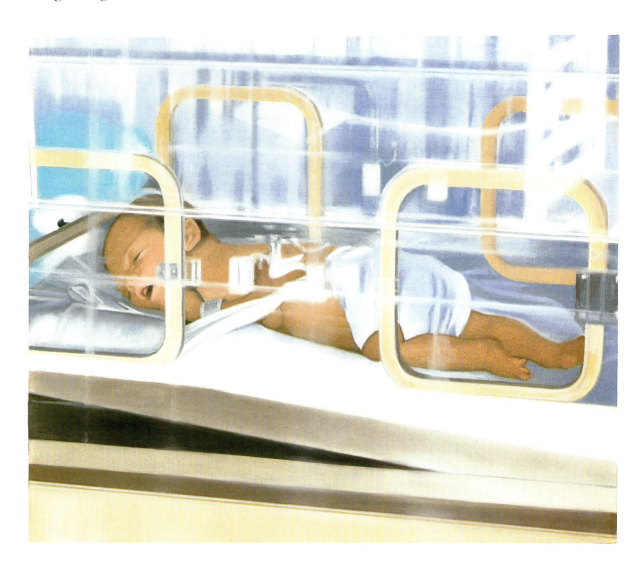

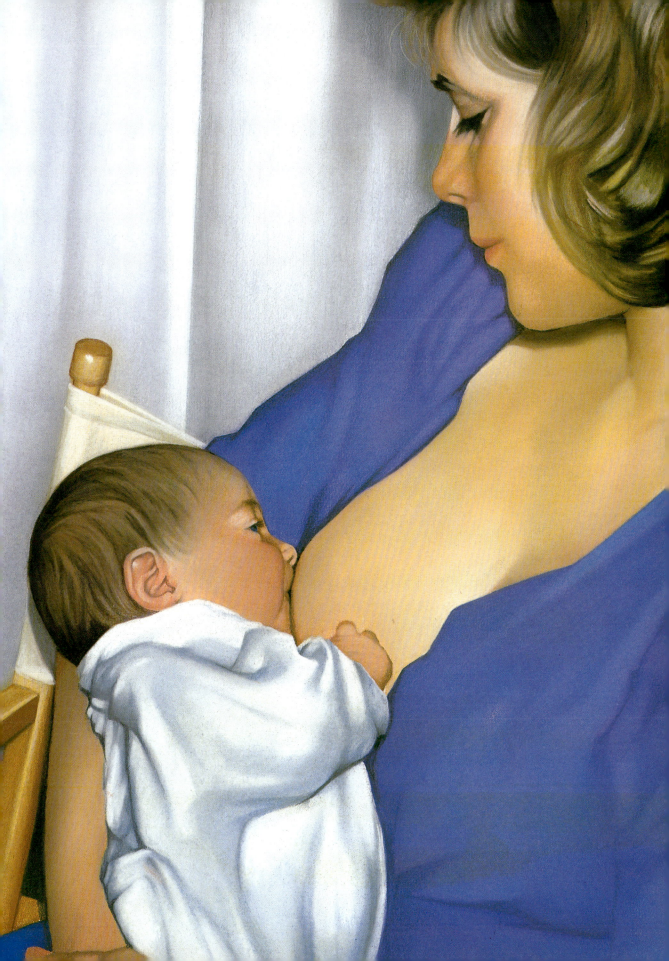

Geschlechtsverkehr

Jan räuspert sich und sagt: „Ihr habt uns nun schon eine ganze Menge erklärt – aber wir wissen immer noch nicht, wie ein Baby gemacht wird." Sylvie nickt; die Frage brennt ihr auch schon auf der Zunge.

„Um ein Baby zu ‚machen', wie ihr sagt, müssen ein Mann und eine Frau miteinander schlafen. Das wißt ihr sicher schon. Es bedeutet, daß sie sich körperlich vereinigen – man nennt das auch Geschlechtsverkehr. Das ist eine ganz natürliche Sache, und zwei Menschen, die sich lieben, so wie Mama und ich, tun das sehr gern miteinander. Sie ziehen sich aus, küssen sich, streicheln und umarmen sich. Manche Bereiche des Körpers sind besonders empfindlich für Liebkosungen, beispielsweise die Eichel des Penis oder bei der Frau die Klitoris, die gleich oberhalb der Öffnung der Harnröhre sitzt. Schließlich kommt der Moment, in dem der Mann und die Frau das Bedürfnis haben, noch näher beieinander zu sein – nur noch ein Körper zu sein. Dann führt der Mann seinen Penis in die Scheide der Frau ein und bewegt sich regelmäßig in ihr. Der Penis des Mannes ist dabei ganz steif – von der Erektion haben wir ja schon gesprochen. Jan und seine Freunde kennen das sicher, denn junge Männer und sogar schon Jungen haben oft eine Erektion im Schlaf."

Jan murmelt ein kaum hörbares Ja.

„Nach einiger Zeit wird das Lustgefühl so stark, daß der Mann einen Samenerguß, eine Ejakulation, hat, das heißt, das Sperma schießt in Stößen aus der Eichel und gelangt so in die Scheide der Frau. Von dort aus können die Spermien loswandern – und möglicherweise trifft eines auf die reife Eizelle, und ein Kind entsteht. Nach dem Samenerguß wird der Penis wieder weich und kleiner. Übrigens: Die Erektionen, die Jungen vor der Pubertät haben, führen normalerweise nicht zu einem Samenerguß."

„Und die Frau", fragt Jan, „hat sie auch Lustgefühle?"

„Ja, natürlich", antwortet Mama. „Wenn ein Mann und eine Frau einander lieben, dann sprechen sie auch gern miteinander, teilen einander ihre Gefühle mit und empfinden viel Zärtlichkeit füreinander. Dann begehrt auch die Frau den Mann. Sie fühlt sich dann sozusagen dahinschmelzend und in der Scheide bildet sich eine Flüssigkeit. Das ist ein schönes Gefühl."

„Und dann?"

„Weil die Scheide nun feucht ist, kann der Penis des Mannes leicht hineingleiten. Auch die Frau hat nach einiger Zeit dieses höchste Lustgefühl, das beim Mann den Samenerguß auslöst. Man nennt dieses Gefühl Orgasmus."

Ganz verblüfft sagt Jan: „Also jedesmal wenn ihr miteinander schlaft, könnt ihr ein Kind haben?"

„Nicht jedesmal, weil die Frau nur einmal im Monat eine Eizelle produziert. Außerdem – wenn man kein Kind haben möchte, so gibt es heute Verhütungsmethoden, die dafür sorgen, daß man nur dann ein Kind bekommt, wenn man es möchte. Ich zum Beispiel habe die Pille genommen, nur nicht, als wir euch beide haben wollten – und Julian. Die Pille verhindert, daß ein Ei heran-

Empfängnisverhütung

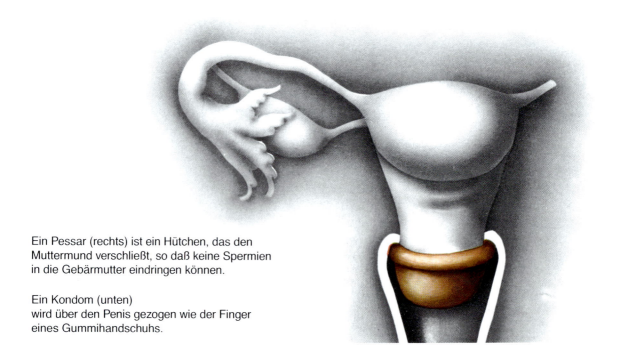

Ein Pessar (rechts) ist ein Hütchen, das den Muttermund verschließt, so daß keine Spermien in die Gebärmutter eindringen können.

Ein Kondom (unten)
wird über den Penis gezogen wie der Finger eines Gummihandschuhs.

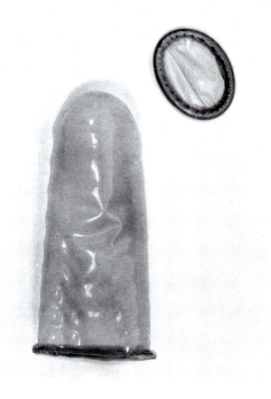

reift; so kann man immer Geschlechtsverkehr haben, ohne schwanger zu werden."
„Wenn kein Ei mehr reif wird, kann die Frau dann nie mehr ein Baby haben?"
„Doch, sobald sie aufhört, die Pille zu nehmen, kann sie wieder schwanger werden."
„Der Mann kann aber auch für die Verhütung sorgen", wirft Papa ein. „Er streift dann vor dem Geschlechtsverkehr ein Kondom über seinen Penis. Ihr kennt das sicher aus den Fernsehspots ‚Gib Aids keine Chance'. Denn ein Kondom verhindert nicht nur, daß Sperma in die Scheide gelangt, es schützt auch vor Krankheiten, die beim Geschlechtsverkehr übertragen werden – wie eben Aids. Das spielt natürlich nur dann eine Rolle, wenn sich die Geschlechtspartner nicht gut kennen und nicht wissen, ob der andere vielleicht eine solche Krankheit hat. Das Lustgefühl ist trotz Kondom dasselbe."
„Gibt es auch noch andere Verhütungsme-

Pille und Kondom

thoden?" fragt Sylvie. „Ja", antwortet Mama. „Es gibt die Knaus-Ogino-Methode; sie heißt so nach ihren Erfindern. Dabei kommt es darauf an, den Zeitpunkt des Eisprungs zu ermitteln, indem die Frau jeden Tag ihre Körpertemperatur mißt, die sich im Laufe eines Monatszyklus ändert. Einige Tage lang steht ein reifes Ei bereit, und die Frau kann schwanger werden, in der übrigen Zeit nicht. Doch diese Methode ist ziemlich unsicher; der Körper ist kein Automat, und manchmal kommt es trotz Messens und Zählens zu einer Schwangerschaft."

„Überraschungsbabys!" ruft Sylvie aus.

Die Pille ist das sicherste Verhütungsmittel. Sie enthält die Hormone Progesteron und Follikelhormon und täuscht damit dem Körper eine Schwangerschaft vor. Wie bei einer echten Schwangerschaft kommt es zu keinem weiteren Eisprung – wenn die Pille regelmäßig eingenommen wird.

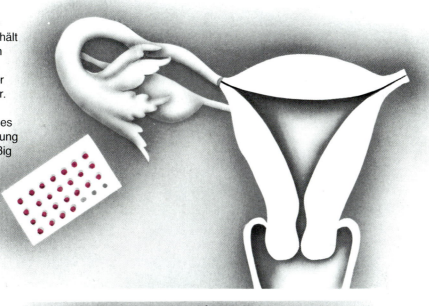

Die Spirale kann unterschiedliche Formen haben. Sie wird vom Arzt in die Gebärmutter eingesetzt, wo sie monatelang bleiben kann. Sie verhindert die Einnistung eines Eies in der Gebärmutterschleimhaut. Nur selten kommt es trotz Spirale zu einer Schwangerschaft.

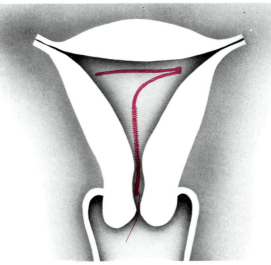

„Es gibt noch mehr Verhütungsmethoden", sagt Mama. „Zum Beispiel das Pessar, das ist eine Art Hütchen aus Gummi, das den Eingang zur Gebärmutter verschließt. Mit einer Creme angewendet, die Spermien abtötet, verhindert das Pessar, daß auch nur ein einziges Spermium zum Ei vordringen kann."
„Manche Frauen", fügt Papa hinzu, „benutzen eine Spirale, das ist eine kleine Vorrichtung aus Plastik, die vom Arzt in die Gebärmutter eingelegt wird, wo sie monatelang bleiben kann. Die Spirale macht es einem befruchteten Ei unmöglich, sich in der Gebärmutter einzunisten und dort zu einem Kind heranzuwachsen."
„Wenn es so viele Verhütungsmethoden gibt, warum hat dann Veronikas Tante gesagt, daß sie ihr drittes Kind bekommen hat, ohne es eigentlich zu wollen?"
„Weil sie und ihr Mann unvorsichtig waren,

Andere Verhütungsmethoden

wie so viele andere Paare auch", antwortet Mama. „Aber dieses dritte Kind war ja schließlich keine Katastrophe – während in den armen Ländern der Dritten Welt die Geburt vieler Kinder ein schwerwiegendes Problem ist. Sie müssen ja alle ernährt und großgezogen werden!"

„Wie in Afrika?" fragt Jan, der sich an einen Bericht im Fernsehen erinnert. „Es gibt zu viele Kinder und nicht genug zu essen, nicht wahr?"

„Ja, mein Großer. Die Überbevölkerung ist eines der größten Probleme unserer Erde. Sie verursacht in vielen armen Regionen Hunger und Elend."

„Kann man diesen Menschen nicht helfen?"

„Man versucht, die Frauen und Männer zu überzeugen, sich sterilisieren zu lassen."

„Ich kenne sterilisierte Milch", ruft Jan dazwischen.

„Das hat damit aber nichts zu tun", erklärt Papa. „Die Sterilisation ist eine Operation. Bei der Frau werden beide Eileiter unterbunden, nachdem man zwei kleine Schnitte in die Bauchdecke gemacht hat. Sieh dir die Zeichnung auf Seite 56 an. So können keine Spermien mehr die Eileiter hochwandern und auf eine Eizelle treffen."

„Du sagtest, daß auch Männer sich sterilisieren lassen können."

„Ja. Beim Mann unterbindet man die beiden Samenleiter. Er kann dann einen Samenerguß haben wie zuvor, aber das Sperma enthält keine Spermien mehr."

„Kann man die Samenleiter oder die Eileiter auch wieder verbinden, wenn man später doch noch ein Baby haben möchte?" fragt Sylvie.

„Das gelingt nur sehr selten. Normalerweise ist die Sterilisation eine Entscheidung, die für immer gilt."

„Und die Spirale kann man wieder entfernen, wenn man ein Baby haben möchte? Also, wenn ich groß bin, nehme ich die Pille oder die Spirale. Vielleicht kann ich mir dann ja auch schon aussuchen, ob ich einen Jungen oder ein Mädchen haben will."

„Das ist möglich", sagt Mama sehr ernst. „Gerade auf diesem Gebiet machen die Wissenschaftler zur Zeit riesige Fortschritte. Aber ob diese Fortschritte auch gut für die Menschen sind? Ich weiß es nicht..."

Papa sagt in die nachdenkliche Stille hinein: „Es gibt aber nicht nur Paare, die mehr Kinder haben, als sie wollen, es gibt auch Paare, die kein Kind bekommen, obwohl sie sich sehnlichst eines wünschen."

„Wieso das?"

„Die Fortpflanzung ist ein sehr komplizierter und für Störungen anfälliger Mechanismus. Manchmal produziert die Frau keine Eizellen, manchmal der Mann keine Spermien. Es kann auch in den Samenleitern oder in den Eileitern ein Hindernis geben, an dem die Spermien nicht vorbeikommen."

„Kann man diese Röhren denn nicht reparieren oder durch winzige Plastikschläuche ersetzen?"

Sterilisation

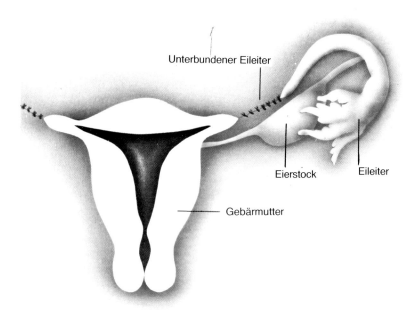

Die Sterilisation sowohl der Frau als auch des Mannes ist ein kleiner chirurgischer Eingriff. Bei der Frau werden die Eileiter unterbunden, so daß sich reifes Ei und Spermien nicht mehr treffen können. Beim Mann durchtrennt man die Samenleiter; die Spermien können nun nicht mehr in die Samenbläschen und von dort in die Samenflüssigkeit, das Sperma, gelangen. Eine Sterilisation kann fast nie rückgängig gemacht werden, das heißt, eine Frau kann keine Kinder mehr bekommen und ein Mann keine mehr zeugen.

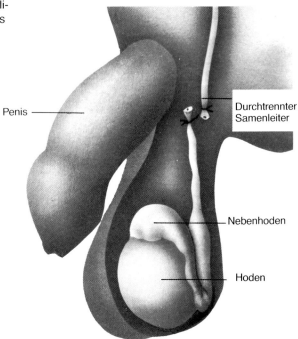

Unfruchtbarkeit

„Solche Operationen sind in manchen Fällen möglich, aber schwierig. Heute gibt es aber die Möglichkeit, ein Ei in einem Reagenzglas zu befruchten. Der Frau wird eine reife Eizelle entnommen, dem Mann Sperma, und beides wird im Reagenzglas zusammengebracht. Das macht der Arzt im Labor. Ist die Befruchtung gelungen, wird das Ei, sobald es aus mehreren Zellen besteht, in die Gebärmutterschleimhaut der Mutter eingepflanzt. Von nun an geht alles weiter wie nach einer natürlichen Befruchtung."

„Es gibt aber auch den Fall", fährt Papa fort, „daß ein Paar sein Baby nach einigen Wochen schon verliert, das heißt, der Embryo kommt so früh zur Welt, daß er nicht lebensfähig ist. Man nennt das eine Fehlgeburt oder einen Abort."

„Kommt es nicht vor, daß eine Frau absichtlich einen Abort hat?" fragt Sylvie mit wichtiger Miene. Davon hat sie nämlich schon gelesen.

„Wenn es wichtige Gründe gibt, daß das Baby nicht zur Welt kommen sollte, beispielsweise bei einer schweren Krankheit der Schwangeren, die auch das Kind schädigt, so kann ein Arzt eine Abtreibung – so nennt man einen künstlichen Abort – vornehmen. Wir haben ja schon über das Beispiel der Röteln gesprochen."

Jan findet das alles ziemlich traurig. Deshalb schlägt Papa vor, daß sie einen Waldspaziergang machen. „Mama auch?" fragt Sylvie. „Natürlich", antwortet Mama. „Das wird mir guttun."

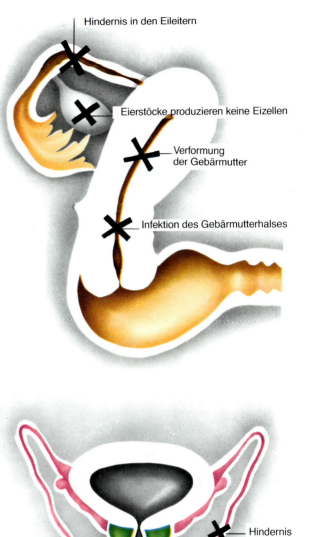
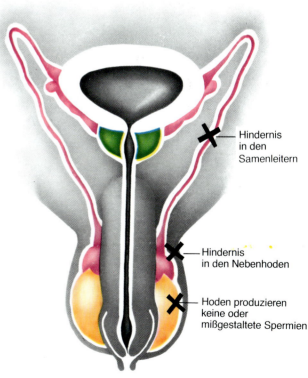

Unfruchtbarkeit kann unterschiedliche Gründe haben. Bei der Frau (oben) kann es sein, daß die Eierstöcke keine Eier produzieren, daß die Eileiter verstopft sind, die Gebärmutter verformt ist oder eine Entzündung am Gebärmutterhals die Spermien abtötet. Beim Mann (rechts) können die Samenleiter verstopft sein oder ein Hindernis in den Nebenhoden vorliegen – oder die Hoden produzieren keine oder zu viele mißgestaltete Spermien.

Nach der Geburt

Einige Tage später, nachdem sie Monopoly gespielt haben, kommen sie wieder auf das Thema Sexualität zurück. Mama hat erzählt, daß Julian ihr in der Nacht zuvor einen kräftigen Tritt gegeben hat.
„Er wird Fußballer!" ruft Jan begeistert aus.
„Hast du denn keinen Schreck bekommen?" fragt Sylvie beunruhigt.
„Nein. Ich habe meinen Bauch gestreichelt. Vielleicht merkt er das ja."
„Sag mal, was wird er eigentlich fühlen, wenn er in unsere ‚trockene' Welt kommt?"
„Das muß wohl eines der größten Abenteuer und eine der größten Überraschungen sein, die ein Mensch erleben kann ... Ich denke oft darüber nach", gibt Mama zu. „Aber ich werde ja da sein, um ihn zu wärmen, zu ernähren und ihm Geborgenheit zu geben."
„Trotzdem wird das eine harte Stunde für ihn", vermutet Jan. „Der Lärm, die Kälte, der erste Schrei, um das Atmen zu lernen, das Säubern der Ohren und der Nase – o Mann!"
„Nun übertreib mal nicht", regt Sylvie sich auf. „Er bekommt köstliche Milch, mollige Windeln, und in Mamas Arm wird er es sehr gemütlich haben. Er wird sich blendend fühlen!"
„In der ersten Woche seines Lebens sieht er noch nicht viel. Hauptsächlich kann er Helligkeit und Dunkelheit unterscheiden. Dann aber kann er Dinge, die ganz nah sind, schon erkennen."

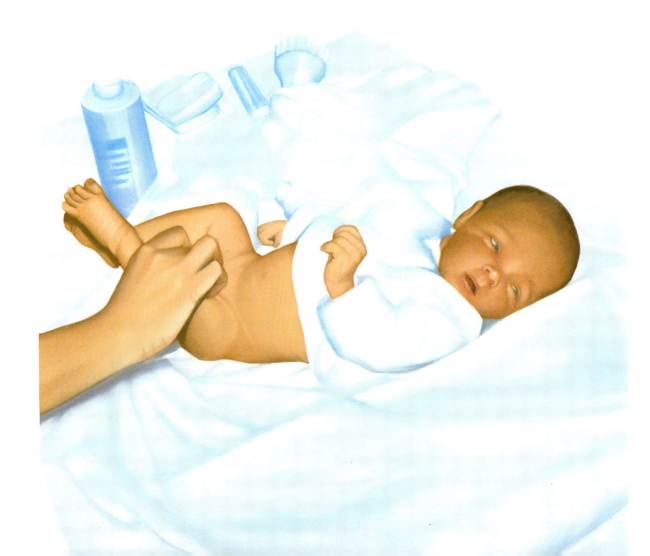

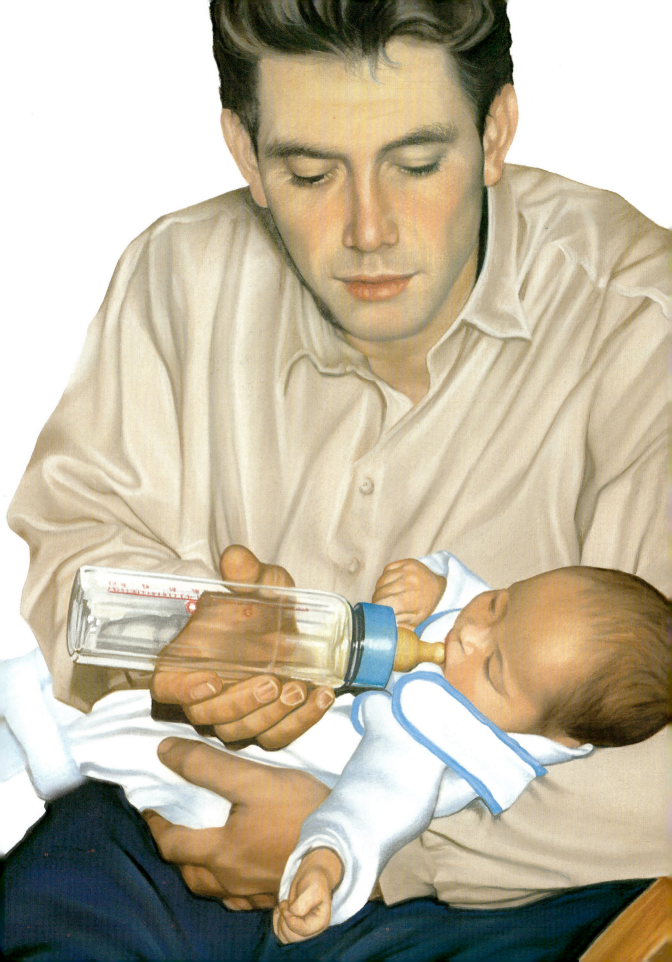

Erste Lustgefühle

„Weiß er dann schon, wer Mama ist?"

„Nicht nur Mama, auch mich erkennt er schon wieder", antwortet Papa. „Bald kann er sogar schon Bewegungen mit den Augen verfolgen."

„Wie ein Entdecker, der ein unerforschtes Land erkundet!" Jan ist begeistert.

„Die wichtigsten Entdeckungen macht er aber mit dem Mund", sagt Papa. „Wenn er an der Brust der Mutter liegt oder das Fläschchen bekommt, empfindet er ein richtiges Behagen."

„Stecken kleine Kinder deshalb alles in den Mund und lutschen so gern am Daumen?" Sylvie blickt ein wenig verträumt drein, so als ob sie sich gerade an etwas sehr Angenehmes erinnert.

Jan wirft ihr einen Blick zu und sagt ziemlich grob: „Du hast früher alles angesabbelt. Mamas Ketten, mein Spielzeug, überhaupt alles, was du erreichen konntest!"

„Ich weiß gar nicht, was du willst", meint Sylvie gekränkt. „Du hast doch gehört, daß für ein Baby der Mund sehr wichtig ist."

„Aber nicht nur der Mund." Jan und Sylvie sehen Papa fragend an. „Wie ihr wißt, müssen alle kleinen Kinder essen, verdauen – und was dann?"

„Dann machen sie in die Windeln!"

„Genau. Und das macht ihnen einen Riesenspaß. Sie lieben ihren Körper, und wenn sie in die Windeln machen, ist das für sie genauso angenehm, wie wenn sie gestreichelt werden."

Die beiden Kinder müssen lachen. Dann stellt Jan fest: „Ich habe auch schon beobachtet, daß Babys ein richtig zufriedenes Gesicht machen, wenn sie in die Windeln machen."

„Überhaupt empfinden Babys viel mehr, als man glaubt", fährt Papa fort. „Zum Beispiel lehnen sie sich schon sehr früh gegen alles auf, was ihnen nicht gefällt. Sie saugen gern an der Brust der Mutter, aber die festen Stillzeiten passen ihnen oft überhaupt nicht. Wenn es ihnen zu lange dauert bis zur nächsten Mahlzeit, dann schreien sie. Unbewußt ist ihnen klar, daß sie damit die Mutter auf sich aufmerksam machen – und davon hängt schließlich ihr Überleben ab, auch wenn das ziemlich dramatisch klingt."

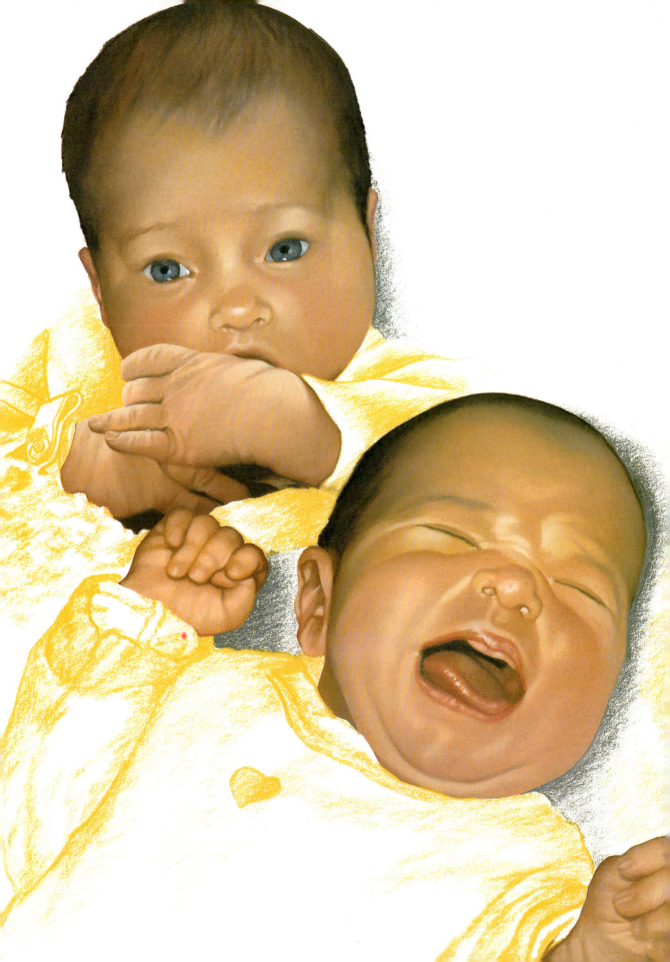

Versunkene Erinnerungen

Dann fügt Papa hinzu: „Wenn sie eine Weile geschrien haben, schlafen sie normalerweise ein. Häufig lächeln sie im Schlaf, weil sie angenehme Träume haben. Ihr habt beide früher viel geträumt."
„Ich kann mich daran erinnern", erklärt Jan. „Ich habe immer geträumt, daß ich auf dem Töpfchen sitze und..."
„Alle Kinder haben diesen Traum, so scheint es", erklärt Mama. „Solche Träume sind der erste Protest gegen die Mutter. Auch ich habe dich regelmäßig zu bestimmten Zeiten aufs Töpfchen setzen müssen. Aber ich bin nie streng dabei gewesen und habe mich bemüht, dein Wohlbehagen nicht mehr zu stören als unbedingt nötig."
„Ist das denn so wichtig?"
„O ja", antwortet Papa. „Ein kleines Kind muß sich wohl fühlen. Es lutscht gern am Daumen oder am Schnuller, es spielt gern mit seinen Geschlechtsorganen und streichelt sie – all das ist sehr wichtig. So lernt es seinen Körper kennen, und es lernt auch, etwas Einsamkeit und Langeweile zu ertragen. Es ist ein ganz ursprüngliches Bedürfnis des Menschen, sich selbst und andere zu berühren."
„Ich erinnere mich eigentlich an nichts mehr von ganz früher, außer an diesen Traum mit dem Töpfchen..."
„Jetzt muß ich euch von einem Wiener Arzt erzählen, Sigmund Freud. Er entdeckte, daß die Vergangenheit eine große Macht über die Menschen ausübt. Auch wenn man sich an nichts aus der frühen Kindheit erinnern kann – alle Erlebnisse werden in unserem Unterbewußtsein aufbewahrt und prägen unser späteres Leben. So hat Freud herausgefunden, daß die Menschen sich deshalb so gern küssen, weil es der Mund war, der ihnen die ersten genußvollen Erfahrungen ihres Lebens verschafft hat."
Jan und Sylvie hören aufmerksam zu. Alles verstehen sie zwar nicht, aber sehr überrascht sind sie auch nicht. Sylvie fragt: „Erinnert man sich nur an die angenehmen Erlebnisse?"
„Nein, an alles, auch an das Unangenehme. Ein Kind zum Beispiel, das von seinen Eltern ausgeschimpft oder bestraft wird, wenn sie es bei seinen ersten sexuellen Spielen ertappen, bewahrt in seinem Unterbewußtsein die Erinnerung daran auf. Wenn es dann erwachsen ist und zu einem Menschen eine sexuelle Beziehung aufnehmen möchte, so kann es Angst und Schuldgefühle entwickeln – als ob Sexualität etwas Schlechtes und Verbotenes wäre. Dies kann einem Menschen sein Leben lang zu schaffen machen."
„Ihr habt Sylvie und mich nie bestraft... obwohl wir auch schon Spiele gespielt haben, ehem..."
Mama kommt Jan zu Hilfe. „Solche Spiele sind in einer bestimmten Phase der Entwicklung normal, und nach einiger Zeit verliert sich das Interesse daran wieder. Wenn ein Kind von seinen Eltern geliebt wird, entwickelt es sich auch sexuell zu einem reifen Erwachsenen."
Sylvie und Jan blicken sich an. So ganz verstehen sie das nicht – aber beide haben das wohlige Gefühl, zu diesen geliebten Kindern zu gehören.

Eifersucht

Heute ist ganz zufällig eine alte Freundin von Mama vorbeigekommen. Sie hat ihr jüngstes Kind mitgebracht, einen Winzling, der in eine bunte Decke eingemummelt ist und eine witzige Mütze auf dem Kopf hat. Sylvie wagt es: Sie nimmt ihn einen Augenblick auf den Arm, doch dann gibt sie ihn schnell seiner Mutter zurück.

Als die Freundin wieder weg ist, schweigt Jan verbissen. Doch dann platzt er heraus: „Wenn man dich so sieht, Mama, könnte man glauben, daß du ganz verrückt nach Babys bist!"

„Du bist ja eifersüchtig!" Mama lächelt, fast ein wenig stolz.

„Der?" ruft Sylvie. „Der ist immer ganz krank, wenn du nur ein bißchen freundlich zu seinen Schulkameraden bist."

„Gar nicht wahr!" ruft Jan zornig.

„Kinder – wir wollen uns doch nicht wegen eines Babys erzürnen. Wir alle brauchen Zuneigung und Zärtlichkeit." Mama zieht ihren Großen an sich.

„Aber so ein Baby ist doch nur ein kleines Wesen, das von der Liebe seiner Mutter nichts versteht und nicht einmal bewußt etwas merkt."

„Da irrst du dich. Schon ein ganz kleines Kind hat Gefühle. Es hängt nicht nur an seiner Mutter, weil sie es ernährt, sondern auch, weil sie eng mit ihm zusammenlebt. Sie beruhigt es, wenn es Angst hat, sie spricht mit ihm, sie lacht mit ihm, und sie unterstützt alle seine Bemühungen, ständig etwas Neues zu lernen."

Mama fügt hinzu: „Wenn sie es streng ansieht, ist es unglücklich. Alle Empfindungen sind bei einem Baby sogar besonders stark, nur merkt man als Außenstehender nicht viel davon, weil es noch nicht sprechen kann. Auch Angst kann das Baby haben und sich sogar schämen. Und wenn die Mutter sich entfernt, glaubt es, daß sie dies tut, um es zu strafen."

„Aber vielleicht muß sie das Baby einmal allein lassen – zum Beispiel, wenn sie sich um ein zweites Baby zu kümmern hat", sagt Sylvie.

„Aha! Die ‚kleine Schwester'!" Jan kann sich die Bemerkung nicht verkneifen.

„Meinst du etwa mich?"

Papa mag solche Streitereien überhaupt nicht. „Nun hört aber mal zu! Mama und ich haben uns allergrößte Mühe gegeben, damit nicht einer von euch vorgezogen wird. Wir haben euch immer alle beide gleich lieb gehabt. Und Elternliebe ist das Allerwichtigste im Leben eines Kindes."

„Aber es gibt doch Kinder, die ihre Mutter nicht so häufig sehen und die meiste Zeit von einem Kindermädchen aufgezogen werden." Sylvie hat gerade ein Buch gelesen, in dem so etwas vorkommt.

„Ja, das gibt es. Ein Kindermädchen oder eine andere Person, die das Kind aufzieht, kann natürlich nie ganz die Mutter ersetzen. Doch gerade Kindermädchen haben gelernt, mit Kindern umzugehen, und sie wissen, was Kinder brauchen."

Und wieder die Eifersucht!

„Trotzdem", stellt Sylvie fest, „sie hat das Kind nicht neun Monate getragen und schon vor seiner Geburt geliebt."
In Mamas Augen tritt ein ganz besonderer Glanz. „Ich erinnere mich noch sehr genau daran, daß ich eines Tages mit Papa ein Konzert besuchte. Das war vier oder fünf Monate vor Jans Geburt. Es wurde gerade eine Symphonie von Mozart gespielt, da spürte ich zum erstenmal, wie er sich in mir bewegt hat. Ich habe es Papa sofort ins Ohr geflüstert, und er hat meine Hand ganz fest gedrückt. Dabei hat er mich angesehen und mir zärtlich zugezwinkert. Von diesem Augenblick an waren wir drei eine Familie, die zusammengehörte."
Sylvie spürt einen kleinen Stich der Eifersucht. Sie klettert auf Papas Schoß, nimmt sein Gesicht in beide Hände und flüstert ihm zu: „Zwinkere mir auch einmal so zu, Papa!"
Und Papa zwinkert! Jan macht ein herablassendes Gesicht – über solche „Kindereien" ist er erhaben.
„Schon seit sie klein ist, gehst du auf diesen Quatsch ein, Papa. ‚Na, gib schon Küßchen'", äfft Jan seine Schwester nach.
„Ich gehe auch auf deinen ‚Quatsch' ein, mein großer Häuptling. Ihr seid schließlich meine Kinder. Ich habe euch gewickelt, gebadet, euch aufs Töpfchen gesetzt, an eurem Bett gewacht, wenn ihr krank wart... Warum also soll ich nicht mit euch schmusen, wenn ich Lust dazu habe? Nur bei dir, Jan, artet die kleinste Zärtlichkeit gleich zu einem Ringkampf aus. Na ja, zwischen Männern muß das wohl so sein."

„Ich bin dann ja auch nicht eifersüchtig", sagt Sylvie mit einem triumphierenden Blick auf ihren Bruder.
„Über die Eifersucht wollte ich euch noch etwas anderes erzählen. Es gibt ein Alter, etwa mit drei oder vier Jahren, da wird dem Kind klar, daß es zwei Geschlechter gibt, und es nimmt die Vertrautheit und die Zärtlichkeit wahr, die Mutter und Vater miteinander verbindet. Sie schlafen nebeneinander, während das Kind zu seinem Leidwesen allein schlafen muß. Der kleine Junge wird eifersüchtig auf seinen Vater, weil dieser ihm offensichtlich die Mutter wegnimmt. Das kleine Mädchen dagegen versucht, den Vater fester an sich zu binden – es wird zur Rivalin der Mutter."
„War das etwa auch bei uns so?" fragt Jan und macht dabei ein verlegenes Gesicht.
„Und ob", lacht Mama. „Du, Jan, hast dich zwischen uns gedrängt und versucht, Papa wegzuboxen, wenn er mich küssen wollte. Aber wir haben uns nie darüber geärgert, weil wir wußten, daß dies für ein Kind eine schwierige Zeit ist und daß es ernsthaft leidet."
„Und ich", möchte Sylvie wissen, „was habe ich gemacht?"
„Du, mein Häschen, hast mich geradezu angefleht, Mama weit fortzuschicken, um mit mir allein zu sein."
„Warst du mir böse?"
„Nein. Ich habe mich auch niemals über dich lustig gemacht. Ich habe dir erklärt, daß wir beide Mama brauchen und nicht auf sie verzichten können."

Eine neue Freiheit

An diesem Morgen gibt es im Bad ein großes Gedränge. In übermütiger Laune bespritzt Jan Mama, während Mama Sylvie zum Spaß in die randvolle Badewanne schubst. Nun macht Papa auch mit, und das Ganze endet mit einer gewaltigen Wasserschlacht. Alle sind von oben bis unten naß.
Jan betrachtet die riesigen Wasserpfützen auf dem Fußboden. „Das nenne ich ein sauberes Bad!" Alle lachen.
„Wenn Oma das sehen würde!" sagt Sylvie. „Wir alle vier splitterfasernackt und total naßgespritzt – sie würde uns für verrückt erklären!"
„Die Zeiten haben sich geändert", sagt Mama. Das Verhältnis zwischen Eltern und Kindern ist heute viel freizügiger als früher, als Oma jung war. Auch das Verhältnis zwischen Männern und Frauen hat sich geändert. Erst seit kurzer Zeit hat die Frau die gleichen Rechte wie der Mann, und das auch noch nicht überall auf der Welt. Früher gab es für Frauen nur das Leben als Hausfrau und Mutter. Sie durften nicht wählen, nicht allein ausgehen, bekamen eine schlechtere Schulbildung und waren selten berufstätig. Wenn überhaupt, so standen ihnen nur schwere, unangenehme und wenig geachtete Berufe offen. So ist das übrigens in vielen Ländern noch heute."

In die nachdenkliche Pause hinein stellt Jan eine ganz andere Frage: „Auf dem Schulklo hat einer an die Wand gekritzelt ‚Es lebe die Selbstbefriedigung'. Alle haben gelacht, aber ich verstehe nicht, was das bedeuten soll."
Papa antwortet: „Selbstbefriedigung ist ein anderes Wort für Masturbation. Es bedeutet, daß man auch ohne einen Partner zum sexuellen Höhepunkt, zum Orgasmus, kommen kann. Jungen schieben die Vorhaut über der Eichel hin und her, bis zum Samenerguß. Mädchen streicheln mit dem Finger über die Klitoris, bis der Orgasmus eintritt."
„Ist das gefährlich?" fragt Jan.
„Nein, das ist weder gefährlich, noch ist es schlimm oder schlecht. Man schadet seiner Gesundheit damit nicht. Viele Jungen und Mädchen tun es. Aber wirklichen Genuß und Freude hat man in der Sexualität nur mit einem Partner. Die Lust verdoppelt sich dann praktisch, verstehst du?"
Mutter fügt hinzu: „Es gibt allerdings Männer, die nie eine Partnerin gefunden haben, die sie versteht. Das kann unter Umständen dazu führen, daß solch ein Mann sich abartig verhält. So gibt es zum Beispiel Exhibitionisten, die ihre Geschlechtsteile vor anderen Menschen entblößen, auch vor Kindern. Diese Männer sind nicht gefährlich. Sie sind in der Kindheit mit ihren sexuellen Problemen nicht fertig geworden, und niemand hat das bemerkt und versucht, ihnen zu helfen. Ihre Sexualität konnte sich nicht zu der eines reifen Erwachsenen entwickeln."
„Und wenn so ein Mann ein Kind anfassen will?" fragt Sylvie.
„Das ist unwahrscheinlich", antwortet Papa.

„Aber es gibt eine andere Art von kranken Männern, die sehr gefährlich sind. Das sind die Sadisten. Ihnen bereitet es sexuellen Genuß, Kindern weh zu tun und sie zu quälen. Diese Männer wirken oft sehr freundlich, sprechen Kinder an und schenken ihnen Naschzeug oder Spielsachen, um ihr Vertrauen zu gewinnen. Wenn ein Kind so etwas erlebt, muß es immer seinen Eltern davon erzählen. Ihr dürft niemals einem Fremden folgen, auch wenn er noch so nett ist – und wenn er euch zwingen will, so schreit um Hilfe. Jeder versteht eure Lage sofort, da braucht ihr nichts zu erklären. Zum Glück sind diese Männer immer feige und ergreifen die Flucht, wenn ein Kind um Hilfe ruft."

Sylvie flüstert: „Ich verspreche dir, daß ich ganz laut schreien werde, wenn mir so etwas passiert. Aber ich hoffe, daß ich nie so einen Mann treffen werde."

„Das hoffe ich auch, mein Schätzchen. Ich wollte euch nur deshalb davon erzählen, um euch vor unangenehmen Überraschungen zu bewahren."

Sylvie brennt schon lange eine Frage auf der Zunge. „Warum habt ihr euch eigentlich soviel Mühe gemacht, uns die Sexualität und alles, was damit zusammenhängt, zu erklären?"

„Weil die Sexualität kein Geheimnis ist und erst recht nichts, dessen man sich schämen muß. Leider wissen viele Menschen – auch Erwachsene – nur unzureichend darüber Bescheid. Wie kann man ein ausgeglichener Mensch sein, der sich in seiner Haut wohl fühlt, wenn man seinen Körper und dessen Funktionen nicht genau kennt? Leider sprechen auch heute noch viele Eltern mit ihren Kindern nicht offen über diese Dinge. Ich hoffe jedenfalls, daß wir euch helfen konnten, euch selbst so anzunehmen, wie ihr seid, und euch selbst liebzuhaben. Natürlich werdet auch ihr einmal Probleme haben, die euer Herz oder eure Sexualität betreffen..."

„...und von denen nichts in diesem Buch steht?"

„Das kann möglich sein. Man hört nie auf, sich selbst kennenzulernen. Wenn Mama und ich euch helfen können – zögert nie, uns um Rat zu fragen. Ihr seid immer willkommen. Oft ist einem schon geholfen, wenn man mit Menschen, die einem nahestehen, über seine Probleme sprechen kann."

„Erkenne dich selbst!" sagt Sylvie.

Mama lacht und nimmt ihre kluge Tochter in die Arme. Dann wendet sie sich an Papa: „Wir haben alle geredet wie die Bücher. Was würdet ihr davon halten, wenn wir jetzt einen kleinen Spaziergang machen?"

Der Vorschlag wird einstimmig angenommen. Und dann geht es hinaus in die Natur, wo es so viel zu entdecken gibt!

Index

Da dieses Buch in Form eines Dialogs zwischen Eltern und Kindern abgefaßt ist, enthält es keine Kapitelüberschriften. Mit Hilfe dieses Index kann der Leser schnell die Themen und Probleme finden, die ihn besonders interessieren.
Die kursiv gesetzten Zahlen verweisen auf Illustrationen und Bildunterschriften.

Abort 47
    künstlicher 57
Abtreibung 57

Baby
Entwicklung vor der Geburt 14, 15, 24, 28, 29–31
Siehe auch Embryo, Fötus, Ei
erster Schrei *41,* 42
im Brutkasten 43–44, *44*

Befruchtung *14–15, 34*
    im Reagenzglas 57
Beschneidung 20

Chromosomen *14,* 15, *15,* 16, 28, 32

Ei 14, 15, *14–15,* 24, *24,* 25, 27, 28, 32, 47, 57, *57*
Eierstock 12, 20, 24, *24,* 25, *25,* 27, 57
Eileiter 24, *24,* 25, *25,* 28, 55, 57
    Unterbindung der 55, 56
Eisprung 24 *25,* 53
Eizelle 15 *15,* 27, 28, 29, 32
    Einnistung in der Gebärmutter 34, *34,* 35
Embryo 27, 28
    Entwicklung 35
Empfängnisverhütung 52–55
Erektion *19,* 20, 47
Exhibitionisten 71

Fehlgeburt 47
Fötus 31, 32, *32,* 34

Gebärmutter 24, *24,* 25, *25,* 27, 28, 29, *29,* 31, 34, *34,* 35, 38, 39, 40, 57, *57*
Geburt
    Ablauf 38–43, *38–41*
    mit Kaiserschnitt 43
    schmerzlos 38–40
Geschlecht
    des Embryos 15–16
    Unterschiede zwischen den Geschlechtern 12–13
Geschlechtshormone 13, 14, 20
    männliche 16
    weibliche 25
Geschlechtsorgane 12, 13,
    männliche 18, *18,* 19, *19*
    weibliche 18, *18,* 19, *19*
Geschlechtsverkehr 47

Hoden 12, 16, 18, *18,* 19, *19,* 27
Hodensack 12

Keimdrüsen 12, 13
    siehe auch Hoden und Eierstock
Keimzellen 14, 15, *14, 15,* 18.
Siehe auch Eizelle und Spermium
Klitoris 47
Knaus-Ogino-Methode 53
Kondom 52, *52,* 53

Lustgefühle 47

Menstruation (Monatsblutung) 22, 23, 27

Nabelschnur 29, *29,* 31, *31,* 40

Orgasmus 71

Penis 12, 16, 18, 19, 47, 56
    Siehe auch Erektion
Pessar *52,* 54
Pille 52, *53,* 55
Plazenta 29, *29,* 31, 32, 34, 35, 42
Prostata 18, *18,* 19, *19*
Pubertät 16
    Junge 16
    Mädchen 20

Röteln 35–36

Samenerguß 47, 55, 71
Schamlippen 12, 24
Scheide 12, 24, *24,* 25, 27, 28, 38, 41, 47
Schwangerschaft 35, 36
    Unterbrechung der 57
Selbstbefriedigung 71
Sperma 14, 19, 20, 47
Spermium 14, *14,* 15, *15,* 16, 18, *18,* 19, 20, 24, 25, 27, *28,* 32, 47, 55, 57, *57*
Spirale 14, 19, 20, 47
Sterilisation 55, 56
Stillen 44, *45*

Zwillinge, 32 *32, 33,* 43

Printed in Italy by G. Canale & C. S.p.A. - Borgaro T.se - Torino